Über den Autor und das Buch:

Ute Kretzschmar fand nach einer Lebenskrise Anfang der 1990er Jahre den Zugang zur geistigen Welt. Sie erlebte intensive außerkörperliche Erfahrungen, in denen sie ihren verstorbenen Lebensgefährten traf und anschließend von feinstofflichen Lehrern, Aufgestiegenen Meistern und Erzengeln ausgebildet wurde. Es folgten verschiedene irdische Ausbildungen: NLP, Hypnose nach M. Erickson, Mentaltraining, Selbsterfahrung, Channelausbildung und vieles mehr. Im Jahr 2002 erschien ihr erstes medial empfangenes Buch „Der Aufstieg der Erde in die fünfte Dimension" und wurde ein Bestseller. Das hier vorliegende Buch „Der Aufstieg der Erde oder das Erwachen Deiner Seele" ist eine überarbeitete Neuauflage des ehemaligen Klassikers.

Ute Kretzschmar ist Medium und steht in Verbindung mit der Energiegruppe der Aufgestiegenen Meister. Die Wesenheiten nennen sich Konfuzius und Kuthumi und vermitteln leicht verständliches Wissen über die Seele, das Jenseits, die Macht unserer Gedanken und vieles mehr. Sie verwenden häufig den Plural – wir – und begründen das damit, dass sie ein kollektives Bewusstsein seien. Ihre Antworten sind liebevoll, erhellend und ungeheuer hilfreich.

Ich bin eine springlebendige, quietschvergnügte Seele,

die in einem gesunden, wunderschönen Körper

wohnt, die heute die Chance hat, einen brillanten Tag

zu erleben, neue Erfahrungen zu sammeln, sich zu

verlieben und an jeder Straßenecke Menschen zu

treffen, mit denen ich mich einmal verabredet habe,

um gemeinsam in dieses Leben zu gehen

und die Erde in ein Paradies für alle umzugestalten.

Konfuzius

Der Aufstieg der Erde oder das Erwachen Deiner Seele

Lichtbotschaften von

Meister Konfuzius & Meister Kuthumi

empfangen von Ute Kretzschmar

Antar-Verlag
Impressum:
1. Überarbeitete Neuauflage 2016
© **Antar-Verlag, 79379 Müllheim, Im Enzengarten 3**
www.antar-verlag.de

Cover + Bild: Fotolia & Lisiecki-Graphic-Design
Satz und Druck: Druckerei Hornberger, Maulburg
Made in Germany
ISBN 978-3-9817125-13

Originalausgabe 2002 erschienen im Ch.-Falk-Verlag
Unter dem Titel: „Der Aufstieg der Erde 2012 in die fünfte
Dimension"
24. Auflage 2010

Inhalt

Zeitebenen und Akasha-Chronik

*Frage: Ich habe mir einige meiner früheren Inkarnationen ange-
schaut und dabei festgestellt, dass ich zwei Leben in der gleichen
Zeit hatte. Sie überschneiden sich zeitlich! Ich war also zweimal in
zwei verschiedenen Körpern zur selben Zeit auf der Erde! Wie ist so
etwas möglich?*

Konfuzius

Segen und willkommen, das ist Konfuzius. Wir werden euch
erklären, was immer ihr wissen möchtet, und noch mehr wird
sich dadurch ergeben: Fragen, die jetzt in eurer Fantasie noch
gar nicht existieren! Ihr möchtet also wissen, wie die Zeit funktioniert?

Gut. Lasst uns so beginnen:

Wenn ein Mensch auf der Erde inkarniert ist, nimmt er aufgrund seines Wachstums, seiner Entwicklung, seines Alterungs-
prozesses die Zeit als linear, das heißt, als vorwärtsfließend wahr.
Das hat euch irgendwann bewogen, die Zeit zu zählen, das Jahr
in 365 Tage einzuteilen und dann ein neues zu beginnen.

Im übergeordneten Sinn existiert Zeit, wie ihr sie versteht, nicht
wirklich! Sie ist ein Hilfsmittel, welches eine Alibi-Funktion
erfüllt, um einen breitgefächerten Erfahrungsrahmen zu verstecken!

Wir werden also zur Erklärung des Phänomens Zeit annehmen,
sie sei wirklich, und wir werden sie euch so vermitteln, dass ihr
sie vollkommen versteht!

Ihr befindet euch auf einer irdischen Realitätsebene, welche das
Jahr 20 . . schreibt, das bedeutet:

Ihr habt vor 20.. Jahren begonnen, die Zeit zu zählen. Eure Realitätsebene hat aber schon existiert, bevor ihr die Zeit zu zählen begonnen habt! Ihre Existenz ist also nicht von einem Kalender abhängig!

Eure Realitätsebene, eure Umwelt, die ihr durch eure physischen Sinne wahrnehmt, ist nicht die einzige, neben euch existieren viele Erfahrungsebenen, die für die Menschen, die auf ihnen leben, ebenso real und materiell sind wie die Welt, die euch umgibt. Zum besseren Verständnis benutzen wir ein Bild: Stellt euch einen breit aufgeklappten Fächer vor. Die einzelnen Facetten ergeben den gesamten Fächer mit einem wunderschönen Gemälde darauf. Wäret ihr nun ein Punkt auf einer dieser Facetten, hättet ihr aus dieser Position heraus Schwierigkeiten, das Gesamtbild zu überblicken.

Den ganzen Fächer würdet ihr erst wahrnehmen, wenn ihr ihn mit Abstand von außerhalb betrachten könntet. Ähnlich verhält es sich mit eurer Sicht auf die Zeit.

Stellt euch des Weiterenen vor: Jede Facette des Fächers wäre eine andere Realitätsebene, auf der ein bestimmtes Programm abläuft. Ein Programm könnte heißen: „Der Aufstieg der Erde in eine neue Bewusstseinsebene" oder „Die Endphase von Atlantis" oder „Das Mittelalter".

Wenn ihr euch nun in so einem Programm aufhaltet, seht ihr nur den Film, der gerade läuft, und ihr seid mit eurer ganzen Konzentration und Präsenz in diesem Film, weil er in eurer Frequenz schwingt – wohingegen alle parallel laufenden Programme für euch unsichtbar sind.

Aus höherer Sicht repräsentiert sich die Zeit eher als kreisförmig und sie ist weitaus komplexer, als sie im Moment von euch wahrgenommen werden könnte.

Um euch herum gibt es viele Realitätsebenen, die eine andere, ebenfalls fortlaufende, Zeit spielen.

Und sie alle existieren nebeneinander auf dem Planeten Erde und sind durch Schwingungsfrequenzen voneinander getrennt. Wir geben ab an Antar! Seid gesegnet!

Antar

Willkommen, hier ist Antar! Konfuzius hat mir erlaubt, das Erklärte mit praktischen Beispielen aus meiner Sicht zu untermauern. Zwischen mir und dem Channel Ute gibt es eine enge verwandtschaftliche Beziehung, wir kommen sozusagen aus einer geistigen Familie.

Ich lebe in der jenseitigen Dimension, in den oberen lichtvollen Höhen. Also dort, wo die Menschen hinkommen, die ihr auf der Erde als verstorben bezeichnet.

Nach eurem Vokabular gelte ich also als tot, aber ich kann euch beruhigen: Ich erfreue mich bester Gesundheit und höchster Vitalität und habe von hier aus einen Überblick über die Geschehnisse, die ich aus irdischer Sicht nicht hatte!

Ich bin eher mit den Zeitsystemen der Erde konfrontiert als beispielsweise ein inkarnierter Mensch.

Die oberen Ebenen der Lichtwelten, wie man den jenseitigen Bereich noch bezeichnet, könnte man von ihrer äußeren Beschaffenheit vergleichen mit eurer Landschaft auf der Erde. Für mich sind sie ebenso real wie für euch die Erde.

Ich lebe also hier, und ich lebe auch nicht als Einsiedler, wir sind viele, das heißt: ich habe Freunde.

Angenommen, ich habe das letzte Mal auf der Erde von 1870 bis 1948 gelebt, bin nach eurer Zeitrechnung 78 Jahre alt geworden und dann gestorben.

In dem Moment, wo ich sterbe, lege ich meinen irdischen Körper ab und gehe mit meinem feinstofflichen Körper hinauf in die Lichtwelten – zurück nach Hause, so würde ich es einmal nennen.

Der Prozess des Sterbens ist für das Individuum ein freudvoller, wenn es sich nicht zu sehr am physischen Körper festklammert. Das Leben kann man vergleichen mit einem spannenden Kinobesuch, bei dem ein Zuschauer sich dermaßen in die Strömungen der Handlung hineinsaugen lässt, dass er bangt und hofft, leidet und vor Freude weint und am Ende des Filmes, wenn der Vorhang fällt, aus einer Tieftrance erwacht und sich sagt:

„Jetzt hast du dich so von der Handlung wegtragen lassen, dass du vollkommen ausgeblendet hattest, wer du eigentlich bist!"

Wenn das Leben zu Ende ist, gehst du durch den Lichtkanal und erinnerst dich plötzlich an alles.

Der Lichtkanal ist eine Art Tunnel, eine Brücke zwischen den Welten. Und dort kommt die Erinnerung: Du weisst, wo du wohnst und wo du hingehörst, und dahin begibst du dich!

Du kommst voller Begeisterung und Freude nach Hause, wirst mit großem Hallo begrüßt und besuchst erst einmal ausgiebig deine alten Freunde und Bekannten.

Nun hat es sich vielleicht in der Zwischenzeit ergeben, dass deine beste Freundin wiedergeboren wurde.

Sie ist also in der Zeit, als du weg warst, das heißt, ein Leben auf der Erde geführt hast, geboren worden. Angenommen, diese Freundin ist 1900 geboren worden, du hattest vielleicht damals nachts im Traum die Information empfangen und ein Teil von dir wusste, dass du sie nun für längere Zeit nicht sehen wirst.

Nun, da dein Leben zu Ende und du wieder daheim im Jenseits bist, möchtest du gern wissen, wie es ihr geht?

Ich gebe wieder ab an Konfuzius.

Konfuzius
Segen und willkommen, hier ist Konfuzius. Nun weitere Informationen zum Thema Zeit:

Was bedeutet es nun praktisch, dass es sehr viele Realitätsebenen gibt, die euch unterschiedliche Zeitebenen bieten?

Das bedeutet, dass alle Zeit gleichzeitig existiert! Ihr könnt in der Zeit also vorwärts und rückwärts inkarnieren, ohne dabei auf irgendeinen Ablauf Rücksicht nehmen zu müssen! Ihr lebt im Moment im Jahre 20.., die euch nächsten Zeitebenen schreiben die Jahreszahlen 21.. und 19.. und sind für die Menschen, die darin leben, genauso real wie eure Zeitebene 20..! Es gibt Zeitebenen, die sind eurer Zeit voraus, und es gibt andere Ebenen, wo gerade Zeiten existieren, die ihr als vergangen bezeichnen würdet. Sie alle existieren nebeneinander verschachtelt auf dem Planeten Erde, ihr könnt sie nur nicht sehen, weil sie in einer anderen Frequenz schwingen.

Zurück an Antar.

Antar

Hallo, hier ist Antar. Wie stelle ich es nun an, mit einem Menschen, in diesem Fall mit meiner wiedergeborenen Freundin, auf der Erde in Kontakt zu kommen, wenn ich selbst in einem Seelenkörper im Jenseits bin? Ich konzentriere mich auf ihre Seele, auf die Persönlichkeit, die mir vertraut ist, und lasse mein Bewusstsein dorthin fließen. Ihr macht ähnliches, wenn ihr intensiv an jemanden denkt, der weit weg wohnt. Nur, dass mein Bewusstsein dann dorthin reist. Ich tauche ein in einen Ort und ein Haus und werde eine Frau sehen im reifen Alter (da ich ja selbst bis 1948 gelebt habe), die möglicherweise äußerlich wenig Ähnlichkeit mit meiner Freundin hat, doch die Substanz ist zweifelsfrei die ihrige. Ich freue mich, sie zu sehen, und vielleicht verabreden wir uns zu einem Treffen nachts im Traum, wenn sie schläft. Natürlich kann sie mich, wenn sie in ihrem physischen Körper ist, nicht wahrnehmen, aber ich kann mit einem unbewussten Teil von ihr in Kontakt treten und eine Unterhaltung

11

führen, während sie vielleicht gerade damit beschäftigt ist, das Essen zu kochen. Diese Unterhaltung und Verabredung sind ihrem Wachbewusstsein nicht bewusst.

Nun geht sie abends schlafen und ihr Traumkörper verlässt ihren physischen Körper und besucht die Traumebene. Bei dieser Gelegenheit treffen wir uns dann, und sie erwacht am nächsten Morgen glücklich und unbeschreiblich bereichert und beschwingt.

Ihr Traumbewusstsein übersetzt ihr das Geschehene eventuell in Bilder, die sie in ihrer derzeitigen Inkarnation geprägt haben. Sie könnte beispielsweise träumen, dass sie einen uralten Jugendfreund wiedertrifft und einen glücklichen Tag mit ihm verbringt.

Enorm wichtig werden Zeitebenen, wenn man sich neu inkarnieren möchte.

Viele Menschen bevorzugen bestimmte Jahrhunderte und leben nach irdischen Begriffen immer wieder in der gleichen Zeit. Das gibt ihnen eine gewisse Sicherheit, sie kennen sich erstens in der Zeit und den äußeren Beschaffenheiten sehr gut aus, und zweitens sind ihnen die historischen Ereignisse unbewusst vertraut.

Andere Menschen bevorzugen genau das Gegenteil, ihnen wäre es langweilig, in der gleichen Zeit mehrmals zu inkarnieren, sie suchen sich jedesmal eine andere Zeitebene und ein anderes Jahrhundert aus.

Man kann es mit unterschiedlichen Vorlieben der Menschen in Bezug auf die Wahl ihres Urlaubsortes vergleichen. Es gibt welche, die fahren jedesmal woanders hin, und andere haben ein bestimmtes Gebiet oder auch 2 oder 3 Gebiete, in die es sie in regelmäßigen Abständen immer wieder hinzieht. So ähnlich ist es mit den Zeitebenen beim Inkarnieren!

Wenn du also in einer Rückführung erlebt hast, dass du zwei Leben in der gleichen Zeit hattest, bedeutet das, dass du dich zweimal für denselben Zeitrahmen entschieden hast. Natürlich hattest du diese Leben nacheinander, aber im selben Jahrhundert.

Wenn ein Mensch plant, sich neu zu inkarnieren, dann sucht er das unter gewissen Gesichtspunkten aus: Einmal sind seine Freunde von ausschlaggebender Bedeutung, man entscheidet meistens nicht allein. Wir sitzen dann in Gruppen zusammen und unterhalten uns. Jeder erzählt so seine Erfahrungen von früheren Inkarnationen, und zur Unterstützung gibt es auch sogenannte „Hologramm-Kinos", sie beinhalten die Akashachronik eines Planeten.

Da gibt es im Programm Ereignisse, gewisse Zeitalter, die man sich studienweise anschauen kann. Ähnlich wie bei euch im Fernsehen, wenn ihr euch Dokumentarfilme anschaut über andere Kontinente, über Reiseziele und ähnliches. So gibt es bei uns diese Hologramm-Kinos mit einer reichen Auswahl an „Filmen", wo man sich vorinformieren kann über bestimmte Zeitalter, die technischen Gegebenheiten, die Art und Weise, wie die Menschen zusammenleben in dieser Zeit. All das wird dokumentiert in diesem Hologramm unter Einbeziehung der besonderen historischen Ereignisse und die damit verbundenen Schauplätze.

Wir gehen dann mit einer befreundeten Gruppe ins „Kino", wie ihr das auch tut, und schauen uns verschiedene Inkarnations-Möglichkeiten erst einmal im Film an. Danach gibt es meistens Diskussionen, die einen hätten gern das mit drin, die anderen wieder anderes, und so bilden sich Grüppchen-Interessengemeinschaften.

Die Entscheidung für eine Inkarnation wird auch beeinflusst von dem Wunsch, mit seinen Freunden zusammenbleiben zu wollen.

Wir wählen also aus, welche Eltern wir gerne hätten und welche Freunde wir im irdischen Leben treffen möchten. Man inkarniert sich dann sozusagen in einer Zeitebene und in einer Gegend, wo es zu Treffen kommt. Der beständige Freundeskreis, der sich im Laufe des Lebens bildet, besteht meist aus Menschen, die man schon aus anderen Leben kennt. Die Leute, die man nicht ausstehen kann, im übrigen auch!

Wenn ihr auf irdischer Ebene jemanden wiedertrefft, den ihr bereits aus früheren Leben kennt, dann habt ihr sofort ein intensives Gefühl des Vertrauens und euer Bauch sagt euch, dass ihr diese Person schon sehr lange kennt.

Es gibt auch bei der Planung des nächsten Lebens bereits Absprachen, was einzelne konkret im Leben tun oder erfahren möchten. Das werde ich später noch genauer erklären!

Natürlich läuft diese Planung unter Absprache des Hohen Selbstes, der Hohen Selbste aller Beteiligten.

Es hat sich also eine Gruppe gebildet, welche sich für einen gemeinsamen Zeitrahmen entschieden hat. Wenn man also grobgesehen den Zeitrahmen hat, dann kann man tiefer in das Programm eintauchen. Das ist vergleichbar mit euren Computern, wo ihr aus einem Hauptmenue eine Datei auswählt, um die Dinge, die ihr wissen wollt, konkreter zu sehen. Sind also die Zeitebene und der Schauplatz (Ort) gewählt, geht man mehr und mehr ins Detail, das geht soweit, dass man sich Familienkonstellationen, quasi Familienbiographien ansehen kann.

Und hier wird bedeutungsvoll, was ihr im nächsten Leben erreichen möchtet. Welche kreativen oder beruflichen Wünsche sind in euch vorhanden? Welches Umfeld strebt ihr an? Möchtet ihr aktiv in der Lokalpolitik dabei sein? Seht ihr eure Zukunft als Händler, Handwerker, Künstler, Akademiker oder Fernsehmoderator?

Ihr begebt euch also im Hologrammkino in den Ort und die Zeit, in der ihr als nächstes geboren werdet und studiert die Gegebenheiten.

Angenommen, ihr habt euch für eine Zeit entschieden, in der Computer neu sind, dann könnt ihr im jenseitigen Bereich, bevor ihr geboren werdet, Kurse besuchen, die euch mit diesem neuen Medium vertraut machen. Ihr werdet also auf die technischen Herausforderungen eurer gewählten Zeit vorbereitet.

Zeitebenen, Hologrammkino und göttlicher Scanner

Kuthumi

Segen und willkommen, das ist Kuthumi.

Nachdem ihr euch also ausgiebig mit euren Freunden im Hologrammkino getummelt und euch für einen Ort und eine Zeit entschieden habt, betretet ihr gemeinsam mit eurem Hohen Selbst den Bereich der Akashachronik, in dem künftige Inkarnationen verabredet werden. Ihr betretet den „göttlichen Scanner", in dem eure Seele „gelesen" wird und darauf erhaltet ihr vom Hologrammkino Inkarnationsangebote, aus denen ihr wählen könnt.

Jede Seele verfügt über einen Entwicklungscode – eine einzigartige Prägung, die sie erworben hat in zurückliegenden Leben. Darin eingebettet sind eure Talente, Wünsche, Neigungen, das Potential eurer göttlichen Seele, aber auch ausstehende Entwicklungsschritte, Ängste, karmische Verstrickungen und ungeklärte Emotionen, wie Hass oder Wut.

Dieser Code besagt auch, welche irdischen Erfahrungen euch in eurer Entwicklung weiterbringen würden und in welchem Zeitrahmen ihr euch wohlfühlt. In einem jungen Seelenalter könntet ihr beispielsweise die Rolle eines Ritters mit Inbrunst und Leidenschaft anstreben, aber nach mehreren Schlachterfahrungen in späteren Leben eher zum Wehrdienstverweigerer werden. Es ist eine Frage der Entwicklung, welche Rollen euch interessieren. All das präsentiert euer Seelencode, der im göttlichen Scanner gelesen wird. Bei allen diesen Entscheidungen steht euch das Hohe Selbst bei der Auswahl des künftigen Lebens zur Seite. Es berät euch!

Die Akasha-Chronik ist identisch mit dem Gesamtstoff der Hologramm-Kinos, sie ist sozusagen der Urfilm – das Urgeschehen, welches verzeichnet wurde in den „Archiven" der Erde!
Das Bild, welches mein Medium empfängt, ist korrekt!
Vielen Menschen, auch dir, ist es schwer vorstellbar, dass so viele Zeit- bzw. Realitätsebenen existieren:
Die Erde umkreist die Zentralsonne in einer ganz bestimmten Bahn, diese Umkreisung dauert nach euren Zeitbegriffen ca. 26.000 Jahre und wird auch als platonisches Jahr bezeichnet – das ist die Zeitbahn. Die Erde existiert überall auf dieser Zeitbahn in unterschiedlicher Schwingung, in unterschiedlicher Zeit.

Das Bild, was ich empfange, zeigt die Erde in einem eliptischen Schlauch um die Sonne. An einer Stelle ist der Planet Erde gestochen scharf und farbenprächtig und dann gibt es unzählig viele Erden, die in Farbnuancen, Klarheit und Schärfe Bruchteile voneinander abweichen und sich kreisförmig aneinanderreihen, aber nicht nebeneinander wie bei einer Perlenkette, sondern um Millimeter verschoben und ineinander verschachtelt, bis ein kompletter Kreis entsteht.

Kuthumi
Ihr könnt euch die Realitätsebenen vorstellen wie eine Perlenkette, wobei sich die einzelnen Perlen gegenseitig durchdringen. Die Rollen, die im Hologramm-Kino angeboten werden, gelten für jede Schwingungsebene, für jede „Perle". Jede Rolle ist also oftmals vorhanden!
Angenommen, ihr hattet in der Vergangenheit ein Leben als Leonardo da Vinci, dann ist das so, dass ihr nicht den alleinigen Anspruch habt auf diesen Namen. Es gibt sehr viele, die diese „Rolle" übernehmen und „spielen" für ein Leben – in einer Zeitbahn.

Frage: Kann man in dem Hologramm-Kino jede Rolle übernehmen? Ich könnte mir vorstellen, dass jeder Musiker dann die Rolle von Strauss oder Mozart haben möchte und dafür Tausende von Anträgen vorliegen, aber für die Rolle einer Putzfrau interessiert sich niemand?

Kuthumi

Aus diesem Grund gibt es den Befähigungsnachweis. Es wird erwartet, dass ihr für die Rolle, die ihr euch aussucht, auch gewisse Fertigkeiten mitbringt, ihr solltet Vorkenntnisse haben, die in diese Richtung gehen. Dazu ein Beispiel:

Es geht nicht, dass ihr 70 mal in der Steinzeit gelebt habt und euch danach ein Leben als „W. A. Mozart" auswählt, das geht nicht. Deswegen gibt es diesen Voraussetzungscode!

Der Voraussetzungscode für die Rolle von „W. A. Mozart" besagt z.B.: dass dieser Mensch mit dem Zeitrahmen 1700, 1800 vertraut sein muss, dass er sehr intensive musikalische Kenntnisse und Talente besitzen muss und dass er mediale Fähigkeiten haben sollte. Es ist also nicht so, dass jeder, der gerne als W. A. Mozart geboren werden möchte, auch die Bedingungen erfüllt, um diese Rolle zu übernehmen.

Nun die Frage zu den Rollen, die, wie ihr vermutet, wahrscheinlich keine Besetzung finden!?

Das ist nicht so! Zum einem empfindet ihr im Hologramm-Kino, wo ihr befreit seid von der materiellen Schwere, viele Rollen „lustig und erstrebenswert", die ihr später aus irdischer Sichtweise anders beurteilt. Zum anderem kommt es manchmal vor, dass ein Mensch, der ein sehr anstrengendes Leben gelebt hat, sich danach für eine Inkarnation entscheidet, wo er ausruhen kann und seine Pflichten schmal bemessen sind, wo gewisse Sicherheiten da sind und der dann z. B. ein Leben als Hausfrau wählt. Und es kann durchaus sein, dass sich diese Hausfrau durch Putzen etwas dazuverdient, wie ihr sagen würdet. Das wäre dann sozusagen eine Rolle, die Ruhe verspricht zwischen anstrengenden Inkarnationen.

Es ist auch so, dass ein Mensch aufgrund seiner Prägung für bestimmte Rollen prädestiniert ist. Wenn jetzt jemand in einem Modus ist, wo er sehr starke Opfergefühle hegt, dann wird er kaum in einer königlichen Familie inkarnieren, die sich einen Thronfolger wünscht, und wo diese Person in der Öffentlichkeit steht und Autorität und Macht repräsentieren müsste.

Das, was eine Person in ihrem Inneren trägt aufgrund ihrer Überzeugungen über das Leben und der Art und Weise, wie sie ihre Energie einsetzt oder auch zurückhält, das ist auch so etwas wie ein Code! Er macht euch einzigartig und verrät auch, welchen Entwicklungsschritten ihr bisher erfolgreich entkommen seid!

Und dieser Code besagt auch, welche Rollen die Person weiterbringen würden, um ein bestimmtes Programm, welches bei ihr läuft, zu beenden und zu transformieren.

Einwurf: An Macht war ich noch nie interessiert.

Kuthumi

Es kommt darauf an, wie dieses Wort besetzt ist. Bei manchen Menschen ist das Wort Macht sehr negativ besetzt. Aber das ist in Wirklichkeit nicht so!

In dem Wort Macht steckt das Wort „machen", das heißt, selbst etwas bewerkstelligen, selbst etwas tun. Diese Menschen, bei denen das Wort Macht negativ besetzt ist, halten sich im allgemeinen von der Macht fern und möchten vielleicht lieber in einem Abhängigkeitsverhältnis verbleiben. Sie entscheiden sich für eine untergeordnete Rolle, weil es ihnen scheint, dass sie dann weniger Verantwortung hätten. Sie verlagern gern ihre

Verantwortung nach außen, weil sie sich dann vorgaukeln können: Ich bin unschuldig, dass die Dinge so laufen! Und das sind sie ganz eindeutig nicht!

Kommen wir nun zu den Inkarnationen, in denen ihr eine machtvolle Position inne hattet: Je nach Seelenalter werdet ihr die euch dargebotene Macht, gnadenlos ausnützen und missbrauchen. Nur eine wirklich weit entwickelte Seele wird vor egoistischen Entscheidungen gefeit sein.

Wenn du also heute in dem Modus bist, dass dich Macht nicht mehr interessiert, kannst du davon ausgehen, dass du in einem früheren Leben eine machtvolle Position missbraucht hast. Du schaffst dir dabei „Feinde" und „Karma", die häufig deine weiteren Leben unangenehm beeinflussen, bis du wieder deine Mitte und deinen inneren Frieden zurückgewonnen hast.

Selbst wenn du mit der Vergangenheit deinen Frieden gefunden hast, so bleibt dir doch häufig die Abneigung gegenüber deinen eigenen „Vergehen" erhalten. Du betrachtest dann die anderen, die heute die Macht innehaben und an ihnen erregen dich besonders die Handlungen, die du selbst als deine größten „Fehler der Vergangenheit" betrachtest.

Macht, Eigenmacht und Selbstverwirklichung sind aus unserer Sicht sehr positiv! Jeder Mensch trägt die Verantwortung für sein Leben, und er kann darüber hinaus seinen Beitrag leisten und sich für Gerechtigkeit und Frieden in der Welt einsetzen. Seid gesegnet, das war Kuthumi.

Frage: *Die Zeitebenen sind mir noch immer ein Buch mit 7 Siegeln. Kannst du es noch mal deutlicher erklären?*

Konfuzius

Segen und willkommen, das ist Konfuzius. Die Zeitebenen sind schwer zu verstehen, wenn man in einem Körper inkarniert ist und sich in der materiellen Welt – sprich: in einer Zeitebene – befindet.

Das, was ihr im Moment als Realität, als Zeitebene erlebt, das ist zwar für euch absolut real, aber in Wirklichkeit befindet ihr euch in einem großen gewaltigen Hologramm, welches sich Erde nennt. Und ihr habt euch im Kollektiv entschlossen, das Jahr 20.. zu spielen, genauso wie ihr davor die zurückliegenden Jahre gespielt habt.

Wenn man sich in der Materie befindet, kann man dieses Hologramm nicht so leicht hinterschauen. Es ist alles außerordentlich real, außerordentlich echt, ihr könnt die Welt anfassen, die euch umgibt, ihr spürt, wie ihr selbst älter werdet, und andere Zeitebenen existieren im Moment für euch nicht.

Sobald ihr aber die Materie verlasst, werdet ihr feststellen, dass es unendlich viele Zeitebenen gibt: die Steinzeit, nach euren Vorstellungen versunkene Kontinente, das Mittelalter und mehrere Versionen des sogenannten „modernen" Zeitalters sind genauso erfahrbar wie die von euch gewählte Zeitbahn.

Wie bereits beschrieben, wählt ihr euch vorher im Hologramm-Kino drei Dinge aus: *Zeit – Ort – Person.* Wobei Zeit und Ort die erste Wahl sind, die ihr gemeinsam mit euren Freunden trefft.

Angenommen, ihr wählt die Zeit 1750 und die Stadt Paris. Dann taucht ihr tiefer in diesen Zeitfilm ein, gebt eure Wunschliste und Talente ein, euer Erfahrungsreichtum wird von einem „göttlichen Scanner" gelesen und daraus ergeben sich verschiedene Inkarnationsmöglichkeiten, aus denen ihr wählen könnt.

Ihr könnt euch das Angebot an Rollen vorstellen wie ein riesiges, gigantisches Theaterstück und daraus wählt ihr euch eine „Theaterrolle". Ihr sucht euch sozusagen aus:

„Wenn ich in dieser Zeit, an diesem Ort geboren würde, welche Rolle würde ich gern spielen?" so etwa überlegt ihr.

Dann kommt der Moment, indem ihr euch für eine Inkarnation festlegt, das heißt, ihr tretet über die Traumebene mit euren künftigen Eltern in Kontakt. Vorzugsweise entscheidet ihr euch für Seelen, die ihr bereits aus früheren Leben kennt. Das bedeutet, aus dieser künftigen Familie kennt ihr bereits jemanden.

Wird eure Inkarnationsanfrage positiv beschieden, ist die Angelegenheit damit abgemacht und fest. Im Augenblick eurer Zeugung rast ihr mit Lichtgeschwindigkeit zur Erde und wisst, dass ihr in neun Monaten in einem neuen Körper geboren werdet.

Und ihr befindet euch auf einmal mitten im Spiel, in dem Spiel, was ihr früher im Hologramm-Kino erwählt habt.

Frage: Es gibt eine Stelle, an der ich immer noch nicht klar komme. Du hast uns das Beispiel erklärt von Mozart, das bedeutet doch dann, dass es sehr viele gibt, die diese Rolle spielen?

Konfuzius

Ja, es gibt viele Personen, die sich für dieselbe Rolle entscheiden, und sie werden nacheinander in den verschiedenen Zeitebenen geboren. Bleiben wir beim Beispiel von W. A. Mozart:

Es hat, bevor eure Zeitebene das Jahr 1756 schrieb, schon Mozarts gegeben, und es hat nach euch schon wieder mehrere gegeben. Immer wenn sich eine Zeitebene dem Jahr 1756 nähert, wird ein neuer Mozart geboren. Wobei die Jahreszahl 1756 zweitrangig ist, weil andere Realitätsebenen ihre Zeit möglicherweise anders zählen oder zu einem anderen Zeitpunkt begonnen haben, die Zeit zu zählen. Was ihr im Hologrammkino seht, ist eher ein historischer Rahmen.

Fakt ist, dass die Rolle von Mozart in der Akasha-Chronik existiert. Und es entscheidet sich auf jeder Realitätsebene eine Person, als Wolfgang A. Mozart zu inkarnieren!

Nun ist es nicht so, dass alle diese Mozarts die gleiche Art an

Erfolg umsetzen. Es gibt welche, die sind älter geworden als der Mozart, den ihr aus eurer Zeitebene kennt. Es gibt welche, die haben nicht diesen Erfolg gehabt, sie waren ebenfalls Musiker, aber sie haben aufgrund ihrer Natur mehr auf Sicherheit geschaut.

Wie die Persönlichkeit das Leben gestaltet, ist individuell unterschiedlich. Die Rolle ist im Hologramm-Kino vorhanden, und sie wird von sehr vielen auf unterschiedliche Weise gespielt.

Frage: Was ich noch nicht verstehe, wenn also laufend ein W. A. Mozart geboren wird, wieso ist da nicht mal einer bekannt geworden?

Konfuzius

Es sind sehr viele bekannt geworden, aber in anderen Zeitebenen! Du siehst das im Moment falsch. In eurer Geschichte steht geschrieben:

Im Jahre 1756 wurde W. A. Mozart geboren. Punkt. Aus. Mehr siehst du im Moment vom Kuchen nicht!

In anderen Zeitebenen, die in einer anderen Schwingungsfrequenz schwingen, sind ebenfalls historische Abläufe vorhanden. Und möglicherweise ist der Mozart, der in einer anderen Zeitebene geboren wurde, kein bekannter Kinderstar, wie er es in eurer Zeitebene war, sondern ist erst später zu Erfolg gekommen. In jeder Zeitebene schreibt sich eine etwas unterschiedliche Historie, so möchten wir es einmal nennen. Der Geschichtsunterricht, den ihr lernt in der Schule, das ist die Geschichte, die sich auf eure Zeitebene bezieht!

In anderen Realitätsebenen kann die Geschichte leicht variieren. Sie kann nicht total vom „Urfilm" abweichen, aber es gibt Ereignisse, die sich unterschiedlich stark einprägen. Dazu ein Beispiel:

In eurer Zeitebene war die Französische Revolution sehr, sehr heftig. Es gibt andere Zeitebenen, in denen die Französische Revolution anders ausgegangen ist, wo sie eine kleine Zusammenrottung von einigen Menschen war, die im Keim erstickt worden ist. Und es gibt wieder andere Zeitebenen, wo die Französische Revolution recht unblutig über die Bühne gegangen ist, indem die Adligen ein Einsehen hatten und beizeiten gegengesteuert haben. Bei euch haben sie es auf die Spitze getrieben!

So ist es von Zeitdimension zu Zeitdimension unterschiedlich. Die Gesamtereignisse sind aufgrund des „Urfilmes" überall gleich, aber die Art und Weise, wie sie in den entsprechenden Zeitebenen umgesetzt werden, variiert voneinander.

Nun ist es so: Diese Zeitebenen sind durch Schwingungsfrequenzen voneinander getrennt.

Eure Sinnesorgane sind mit Filtern ausgestattet und werden von euren Eltern geprägt, weil sie sich auch physisch in dieser Zeitebene aufhalten, und damit sind eure Sinnesorgane total ausgerichtet auf die Zeitebene, in der ihr euch gerade befindet. Und alles, was darumherum existiert – alle anderen Realitätsebenen – werden ausgeblendet und sind für euch nicht wahrnehmbar!

In eurer Zeitebene, in der ihr euch gerade materiell befindet, wird eure eigene Geschichte geschrieben, die sich zwar anlehnt an die Akasha-Chronik, aber doch Abweichungen davon hat.

Die Rollen, die dabei verteilt werden, könnt ihr euch vorstellen wie in einem Theaterstück.

Angenommen, das Theaterstück „Faust" wird aufgeführt in einem Theater in Dresden und es gibt dort eine Bühnenausstattung, Kulissen und Schauspieler, die die einzelnen Rollen spielen.

Das gleiche Theaterstück wird aufgeführt in Basel, auch dort werden Rollen verteilt an die Schauspieler von dieser Bühne, und die Ausstattung des Stückes und die Art, wie der Einzelne seine Rolle darstellt, weichen leicht voneinander ab. Aber das Stück bleibt dasselbe!

So ähnlich könnt ihr das sehen mit den Zeitebenen. Ihr spielt dasselbe Stück, aber die Art und Weise, wie ihr es spielt, hängt von euch ab.

Frage: Wenn man auf der Verstorbenen-Ebene ist, kann man da beobachten, wie die einzelnen Personen die Rolle spielen, die ich auch gerade gespielt hatte?

Konfuzius

Das könntest du beobachten, aber es würde dich wahrscheinlich nicht längerfristig interessieren. Wenn du eine Rolle abgelegt hast und aus der Körperlichkeit heraus bist, interessiert dich der Vergleich mit anderen wenig.

Du schaust dir dann eher an, was habe ich aus meinem Leben gemacht, welche Entscheidungen habe ich getroffen, was hat sich dadurch ergeben und was würde ich heute anders machen? In welchen Situationen haben mich meine Zurückhaltung und Angst gefesselt und wo habe ich Dinge getan, die mir heute peinlich sind?

Aber es ist aus unserer Sicht nicht sinnvoll, dass man Vergleiche zieht mit anderen. Es gibt immer welche, die haben diese Rolle anders gespielt. Und das ist vollkommen legitim.

Ankunft im Jenseits
und erdgebundene Seelen

Frage: Wenn ein Mensch stirbt, gibt es doch so etwas wie einen Lebensfilm, den man sich dann anschaut. Wird der gar nicht ausgewertet?

Konfuzius

Doch, von euch! Der Lebensfilm beinhaltet alle Erfahrungen, Handlungen, Schlussfolgerungen, die ihr in eurem letzten Leben angesammelt habt. In dem Moment, wo sich die Seele vom Körper trennt, bekommt ihr noch einmal einen filmartigen Totalüberblick über euer beendetes Leben.

Ihr legt damit vor euch selbst Rechenschaft ab über alles, was gewesen ist.

Euer Hohes Selbst kennt den Lebensfilm ebenfalls.

Aber der schärfste Kritiker ist der Verstorbene selbst! Kein Außenstehender, ob nun ein Freund von der jenseitigen Ebene oder eure geistigen Verwandten, würden jemals so hart urteilen, wie ihr es tut! Im Gegenteil, von anderen erfahrt ihr für gewöhnlich Verständnis.

Es gibt da zwei Punkte, die dem Verstorbenen am meisten Kopfzerbrechen bereiten:

Das sind einmal überstürzte Handlungen, die später bereut werden, und zum anderen Unterlassungen – Situationen, wo ihr hättet handeln können, es aber nicht getan habt.

Während das Erste, unausgereifte Handlungen ohne die Folgen, Rückwirkungen beziehungsweise Interaktionen mit anderen zu bedenken, beinhaltet, ist das Zweite von zuviel Überlegen und Zurückhaltung geprägt, es sind Unterlassungen, die ebenfalls später bereut werden. Es hat etwas mit dem Seelenalter zu tun, wie die Energien fließen.

Es gibt für frisch Verstorbene, die unter ihrem Lebensfilm leiden, Schulungskurse. Ihr trefft dort mit anderen zusammen, die ebenfalls solche Erfahrungen gemacht haben.

Ihr solltet auch die Dualität in diesen beiden Situationen erkennen: Die einen überstürzen, die anderen zögern, bis der Zeitpunkt zu handeln, verstrichen ist!

Sinn und Ziel ist es, dass ihr in eure Meisterschaft kommt!

Das bedeutet, dass ihr lernt, in jeder Situation angemessen und verantwortungsbewusst zu handeln. Meisterschaft heißt auch, dass ihr für eure Gedanken die Verantwortung übernehmt, dass die Worte, die ihr aussprecht, ehrlich gemeint und von Wahrhaftigkeit gekennzeichnet sind, dass ihr eure Gefühle durch klare gedankliche Ausrichtung wählt, dass ihr eure eigene Göttlichkeit kraftvoll annehmt und zum Wohle aller einsetzt! Seid im Segen, das war Konfuzius.

Frage: Du hast gesagt, wenn ein Mensch stirbt, erinnert er sich, wer er tatsächlich ist, und geht zurück nach Hause. Wie ist das dann mit den sogenannten „erdgebundenen Seelen", die in der Erdatmosphäre in den unteren Schichten der 4. Dimension leben und das Jenseits nicht erreicht haben?

Antar

Willkommen, hier ist Antar. Ich bin froh, dass du diese Frage stellst, weil darüber sehr unklare Ansichten kursieren. Ich werde sie so präzise wie möglich beantworten:

Wenn ein Mensch seinen irdischen Körper verlässt, erinnert er sich, sobald er im Lichtkanal ist, daran, wer er wirklich ist, dass dieses Leben nur einen Ausschnitt seines Gesamtdaseins darstellt und dass es einen Ort gibt, wo er zu Hause ist. Das ist bei allen so und zwar ausnahmslos!

Diese Erinnerung kommt jedem! Und die Erinnerung setzt bei vielen ein, bevor der Geist den Körper verlässt. Der sterbende Mensch wird während des Prozesses des Sterbens rückangebunden an die Wahrhaftigkeit seiner Seele. Er erfährt während des Sterbens, dass er eine Seele besitzt, und zwar unabhängig davon, ob er in seinem Leben daran geglaubt hat oder nicht.

Viele werden von ihren feinstofflichen Freunden und Verwandten am Totenbett abgeholt und nach Hause begleitet. Das ist die Regel, und fast alle wählen diesen Weg.

Nun kommen wir zu den sogenannten „erdgebundenen Seelen", sie lassen sich grobgesehen in zwei Gruppen unterteilen:

Einmal gibt es die, die sich ihr ganzes Leben lang absolut sicher waren, dass niemand jemals erfahren wird, was sie getan haben. In dem Moment, wo sie gestorben sind, bricht diese Annahme als unhaltbar zusammen! Und vor lauter Scham, Verzweiflung und Selbsthass bestrafen sie sich selbst, indem sie nicht nach Hause gehen. Sie nehmen an, sie könnten ihren Freunden mit der Gewissensbelastung nicht unter die Augen treten. Sie schämen sich, verstecken sich vor ihren Freunden, die sie abholen möchten, oder geben vor, keine Ahnung zu haben. Auch durchschreiten sie langsamer den Sterbeprozess und versuchen oft längstmöglich an ihrer verfallenden, irdischen Hülle festzuhalten.

Das Ganze geschieht aus Scham. Ihnen ist ihr letztes Leben oder besser Momente davon unsagbar peinlich, und aus diesem Grund wählen sie selbst, hier zu bleiben! Es besteht keinerlei Zwang von außen, sie könnten jederzeit nach Hause zurückkehren, und einige tun das auch, indem sie sich doch noch von ihren Freunden überreden lassen, mitzugehen. Andere hingegen halten sich für so abgrundtief schlecht, dass sie die ganze Zeit bis zur nächsten Inkarnation in der erdnahen Ebene verbringen.

Die zweite Gruppe bleibt nicht aus Scham hier; was sie zurückhält, sind entweder Personen oder Objekte. Sie fühlen sich z. B. verantwortlich für eine lebende Person, der sie glauben unbedingt beistehen zu müssen! Manchmal ist es so, dass sie regelrecht von einem Angehörigen zurückgehalten werden. Diese lebende Person macht ihnen oftmals Vorwürfe, dass sie allein nicht zurecht kommt, sie vermittelt dem Verstorbenen ein Schuldgefühl, weil er vor ihr gestorben ist. Andere hängen an ihren Besitztümern und deren Verteilung und versuchen nachträglich noch, Angelegenheiten zu regeln. Wenn sie das eine gewisse Zeit erfolglos getan haben, sind sie manchmal später bereit, durch den Lichtkanal zu gehen. Im allgemeinen ist der Umgang mit der zweiten Gruppe einfacher, sie sind weniger hartnäckig!

Kuthumi

Segen und willkommen, das ist Kuthumi.

Nun eine Erklärung von unserer Ebene. Es geht um die erste Gruppe, die sich aus Scham nicht nach Hause traut: Diese sogenannten „erdgebundenen Seelen" sind durch ihre eigene freie Wahl hier. Wir betonen noch einmal mit absoluter Deutlichkeit: Es gibt keinerlei Grund oder Veranlassung dafür! Es gibt kein Gericht, was sie verurteilt und darüber befindet, was mit ihnen zu geschehen hat!

Den von eurer Kirche erfundenen Ort der „Hölle" gibt es nicht! Im Seelenplan ist es sogar vorgeschrieben, dass die Seele „Schuld" auf sich lädt – ohne Schuld kein Gewissen.

Eine junge Seele, die die ersten Inkarnationen hinter sich bringt, besitzt kein Gewissen, sie spielt ihre Leben in Unschuld und Kindhaftigkeit.

Wenn man den Inkarnationszyklus mit dem Zifferblatt eurer Uhren vergleichen würde, dann wäre von 0 bis 5 Uhr die Spielphase, irgendwo bei 6 Uhr die Schuldphase und zwischen 7 und

12 Uhr die Bewusstwerdung und Rückentwicklung zur Quelle. Durch diese sogenannten „Vergehen" kommt es erst zur Gewissensbildung – es ist Teil des Planes und kann nicht umgangen werden. Alle Seelen laden irgendwann Schuld auf sich!

Auch Aufgestiegene Meister, die ihren Inkarnationsweg abgeschlossen haben, haben in dieser Phase gemordet, gequält, vergewaltigt und sich auf jede nur denkbare Weise am Leben vergangen.

Dieses Spiel ist so alt wie die duale Welt! Ausnahmslos jeder tut das!

Es gibt dafür keine Strafe! Aber würde eine Seele, die Schuld auf sich geladen hat, heimkehren, würde sie innerhalb kürzester Zeit verstehen, dass diese Erfahrung unumgänglich war und auch innerhalb der Planung. Sie würde begreifen, warum sie so gehandelt hat, und dass es keinen Grund gibt, sich zu schämen, sondern lediglich eine Aufforderung sich zu entwickeln.

Das war Kuthumi.

Frage: Wie ist das zu verstehen mit dieser Abholung am Totenbett? Angenommen, eine verstorbene Person hat auf irdischer Ebene ein Kind, welches es längere Zeit nicht gesehen hat. Sie wünscht sich, dieses Kind noch einmal zu besuchen, und reist mit ihrem Seelenkörper dorthin. Ist die Abholung damit bereits verpasst?

Konfuzius

Seid gesegnet, seid in der Liebe, das ist Konfuzius. Nein, sie ist nicht verpasst! Wie ihr bereits erfahren habt, gibt es bei jeder sterbenden Person ein „Abholkommando". Diese feinstofflichen Wesen sind in der Lage, die Gedanken der Person zu hören, auch während sie noch im Körper ist. Und damit zeichnet sich bereits ab, wie diese Person dem Tod und dem Jenseits gegenübersteht.

Manche Sterbende sind sehr friedvoll und ruhig, andere kämpfen und haben Angst.

Das Dritte Auge öffnet sich bei der im Sterben liegenden Person und sie nimmt sporadisch Bilder aus dem feinstofflichen Bereich wahr. Die in ihr vorhandene Energie kann die Qualität der Bilder beeinflussen, da sie auch gleichzeitig einen Blick in eine andere Stofflichkeit wirft.

Die feinstoffliche Welt unterliegt anderen Gesetzmäßigkeiten. Eines dieser Gesetze lautet, dass ihr mit Hilfe eurer Gedankenkraft materialisieren könnt. Mit anderen Worten: Eure Vorstellungen erschaffen Bilder!

Würdet ihr beispielsweise an den Garten eurer Großmutter denken und an den Apfelkuchen, den sie immer gebacken hat, würde sich vor eurem Dritten Auge diese Realität öffnen. Ihr erlebt mit absoluter Intensität, wie ihr selbst den Gartenweg entlangstürmt, um die Ecke biegt und einen gedeckten Tisch vorfindet. Eure verstorbene Großmutter den duftenden Kuchen und Kaffee kredenzt, und bei diesem Beisammensein würde eure Großmutter den Satz fallen lassen: „Du brauchst keine Angst vor dem Sterben zu haben! Wir holen dich heim, sobald du deinen Körper verlässt! Alles wird gut."

Ein Sterbender, der solche Erlebnisse hat, wird sehr friedlich und strahlt Vorfreude aus. Er freut sich auf sein geistiges Zuhause und die Seelen, die er wiedersehen wird. Und er wird auch den Prozess des Sterbens nicht unnötig in die Länge ziehen. Für ihn kommt nur noch der Abschied von den irdischen Menschen, die ihm nahe sind.

Aber es gibt auch die andere Gruppe, eben jene zurückgebliebenen Seelen:

Sie haben auch die Möglichkeit, aus ihrer Angst heraus Bilder zu erschaffen, und dabei könnten sich ihre schlimmsten Befürchtungen in Szene setzen.

Seid ihr innerlich gelöst, freudvoll und habt euch mit der Situation ausgesöhnt, nehmt ihr klar die verstorbenen Menschen wahr, die euch abholen möchten. Ihr könnt euch mit ihnen unterhalten. Sie werden euch alle Zweifel nehmen und warten, bis die Seele bereit ist, den Körper zu verlassen.

Nun begleiten sie euch. Die meisten Frisch-Verstorbenen möchten sich von allen nahestehenden Verwandten und Bekannten verabschieden. Ihr unternehmt also mit dem „Abholkommando" einen Rundflug und besucht dabei die Menschen, die euch nahestehen.

Der Zeitpunkt, an dem jemand über den Lichtkanal jenseitige Ebenen betritt, ist grundsätzlich unterschiedlich. Manche Verstorbene sind bereit, gleich nach der Verabschiedung ins Licht zu gehen, andere warten bis nach ihrer Beerdigung.

Sicherlich werdet ihr euch fragen, warum wir soviel Wirbel um den Lichtkanal und den Übergang in die Lichtwelten machen? Wir werden es euch erklären:

Eine Person, die im „Keller" bleibt, weiß um ihre Unsterblichkeit und besitzt die Erinnerung an ihr letztes Leben.

Eine Person, die über den Lichtkanal ins Jenseits geht, verfügt über den Totalüberblick über ihren Inkarnationszyklus, über sämtliche Leben, die sie jemals gelebt hat, und über ihre jenseitigen Erfahrungen.

Ihr geht, wenn ihr geboren werdet, durch den „Kanal des Vergessens", der Lichtkanal ist die Umkehrung davon: Das Vergessen wird darin aufgehoben!

Das bedeutet, dass eine Person, die sich im Jenseits befindet, über mehr Fähigkeiten, Möglichkeiten und einen größeren Blickwinkel und Bekanntenkreis verfügt. Auch sind die Materialisationsmöglichkeiten in dieser Welt freudvoller und stabiler. Es ist eine Welt, die sehr liebevoll organisiert ist.

Im sogenannten „Keller" herrscht Instabilität, und die dortigen Materialisationen verflüchtigen sich.

Das „Abholkommando" steht euch also über einen längeren Zeitraum zur Verfügung, und sie werden alles daransetzen, euch zu überzeugen, in den Lichtkanal zu gehen. Nur wenn eine Person zutiefst davon überzeugt ist, dass sie das Licht nicht verdient, werden sie ihr Vorhaben, sie nach Hause zu begleiten, aufgeben. Es wird also niemand zwangsumgesiedelt!

Die Veranlassung für das Hierbleiben hat in jedem Fall etwas mit Schuldgefühlen zu tun!

Entweder die Verstorbenen fühlen sich schuldig, eine lebende Person im Stich gelassen zu haben, oder ihre Sexualität verursacht ihnen Kopfzerbrechen, oder sie verzeihen sich selbst einige ihrer Taten nicht! Die eine Gruppe krankt also an ihren Taten, die andere an ihren Versäumnissen!

Dabei wartet keinerlei Strafe auf sie. Sie werden daheim begrüßt, beruhigt und in Liebe aufgenommen. Auch werden sie Erklärungen finden, was der Grund für ihre Handlungen war. Es gibt Schulungskurse extra für diese Menschen! Und sie brauchen auch keine Angst zu haben vor den Freunden und Verwandten aus ihren Familien, die sie zurückholen möchten.

Manchmal tun sie so, als ob sie sie nicht kennen und verstecken sich. Sie nehmen ein anderes Aussehen an und machen alles Mögliche, um nicht erkannt zu werden, weil sie sich vor lauter Angst und Scham total abgrenzen. Das ist absolut unnötig, denn diese Phase, wo man sich vergeht gegen das Leben, die ist vorgesehen.

Das ist der Punkt, wo sich bei der Seele das Gewissen bildet! Und dieses Gewissen ist wichtig, es ist ein wichtiger Entwicklungsschritt! Dieses wäre der Seele, wenn sie heimkehren würde ins Jenseits, innerhalb von kürzester Zeit klar!

Frage: Ihr habt gesagt, dadurch dass die Seele Schuld auf sich lädt, kommt es erst zur Gewissensbildung. Wofür ist das gut?

Konfuzius

Im Inkarnationszyklus, im Seelenplan, ist es vorgeschrieben, dass die Seele irgendwann Schuld auf sich lädt. Das ist bei allen Menschen so, und zwar ausnahmslos!

Durch diese „Schuld" beginnt sich die Seele neue Fragen zu stellen. Fragen, die sie vorher nicht in Betracht gezogen hat. Sie macht sich sozusagen aus ihren Handlungen ein Gewissen. Eine jugendliche Seele spielt vergnügt drauflos, ohne sich im Geringsten verantwortlich für ihre Handlungen zu fühlen. Im Augenblick des bewussten „Vergehens" wird ein neuer Entwicklungszyklus eingeleitet:

Die Seele beurteilt ihre Handlungen und ist das erste Mal bereit, für Handlungen Verantwortung zu übernehmen. Verantwortung dafür, was sie getan hat und was sie in Zukunft erschaffen wird.

Das ist ein wichtiger Schritt in Richtung Bewusstwerdung!

Sie ist an dieser Stelle bereit, Verantwortung für ihre künftigen Handlungen zu übernehmen.

Später, wenn die Seele weiterentwickelt ist, übernimmt sie außerdem die Verantwortung für ihre Gedanken und Gefühle. Aber das ist ein reiferer Zyklus!

Am Anfang steht die Verantwortung für ihre Handlungen, und diese Erkenntnis wird erreicht durch die Bildung des Gewissens und das kann schmerzvoll sein.

Frage: Wir hätten gern noch eine Auskunft zu den „verlorenen Seelen". Wir haben uns gedacht, wenn sie schlafen, dann gehen sie doch auch auf die Traumebene. Warum behaltet ihr sie dann nicht gleich dort?

Konfuzius

Gut, wenn ein Mensch schläft, verlässt sein Traumkörper des Nachts die physische Hülle und begibt sich in seine geistige Heimat. Was ihr von diesen Aktivitäten erinnert, sind Träume. Manchmal kann es in der Einschlafphase geschehen, dass ihr das Ablösen eures Seelenkörpers miterlebt, indem ihr spürt, wie ihr unsanft zurückstürzt. Es ist wie ein Fall aus großer Höhe, von dem ihr erwacht.

Kommen wir nun zu den verlorenen Seelen: Im Seelenkörper ist Schlafen keine wirkliche Notwendigkeit. Aber zurückgebliebene Seelen befinden sich in Erdnähe und sind aufgrund ihres inneren Zustandes energetisch schlecht versorgt und könnten dadurch das Bedürfnis zu schlafen entwickeln. Aber sie befinden sich nicht mehr im physischen Körper, sondern im feinstofflichen Seelenkörper, der eurem Traumkörper entspricht. Und sie schlafen somit dort, wo sie sich gerade aufhalten! Es gibt nichts mehr, was ihren Körper verlässt und sich in höhere Sphären bewegt. Sie bleiben dann also in diesem „Keller" und schlafen an Ort und Stelle. Seid gesegnet!

Frage: Wie suchen sich die „verlorenen Seelen" ihre nächste Inkarnation aus?

Kuthumi

Segen und willkommen, das ist Kuthumi.

Ihr wolltet gern wissen, wie das ist, wenn die sogenannten „verlorenen Seelen" wieder inkarnieren?

Da sie unten bleiben und nicht nach Hause ins Jenseits zurückkehrt sind, suchen sie es sich natürlich nicht selber aus. Und obwohl es eine Wertung ist, möchten wir es als tragisch bezeichnen!

Wenn sie nach Hause zurückkehren würden, kämen sie von ihrer Energie her in ein viel höher schwingendes Feld und würden sich dadurch eine Inkarnation aussuchen, die angenehmer und einfacher wäre als das, was dann automatisch kommt. Das Hohe Selbst könnte in diesem Fall eine Inkarnation auswählen und dabei versuchen, bestimmte Entwicklungen abzuschwächen. Voraussetzung wäre dafür allerdings, die Seele ist daheim!

Wenn jemand ganz unten bleibt, befindet er sich in einer Grauenergie, so möchten wir es einmal bezeichnen. Es ist eine Energie, die sehr, sehr niederschwingend ist, die von Verzweiflung, Unwissenheit und Ausgestoßensein geprägt ist, und das Hologramm-Kino wirft bei Nichtanwesenheit Daten aus, einen Termin und eine Rolle.

Das bedeutet, dass diese Seele vollautomatisch ein neues Leben zugeteilt bekommt. Und dieses Leben wird ausgewählt passend zu der Schwingung des Menschen, die er dort in der grauen Zone hat. Das genau ist der Grund, warum wir vorhin von tragisch gesprochen haben! Es wäre wünschenswert und weitaus sinnvoller, wenn dieses Leben daheim im jenseitigen Bereich gewählt würde, weil dadurch bestimmte Wiederholungen vermieden werden könnten.

Die mittleren Ebenen im Reich der Verstorbenen sind durchaus liebevoll für die Seelen, die dort zu Hause sind. Sie haben es sich gemütlich eingerichtet und sich das erschaffen, was sie als wertvoll, wichtig und schön empfinden. Wenn diese „schuldbeladenen" Seelen nach Hause zurückkehren würden, wären sie sofort in einer anderen liebevolleren Energie und wären auch in der Lage, Missverständnisse mit anderen Seelen zu klären. Und das würde ihre künftige Inkarnation ganz entschieden zum Positiven beeinflussen.

Frage: Wenn nun so eine verstorbene Person ihre erste Abholung ausgelassen hat, gibt es dann für sie noch eine Möglichkeit, nachträglich in den Lichtkanal und ins Jenseits zu gelangen?

Konfuzius
Seid gesegnet und in der Liebe, das ist Konfuzius.
Es gibt Möglichkeiten, nur schaffen sie es aus eigener Kraft meist nicht. Sie sind energetisch sehr schlecht versorgt und zumeist lichtscheu. Manchmal geht jemand mit, wenn eine ihm bekannte Person stirbt und abgeholt wird. Andere zurückgebliebene Seelen hängen sich an lebende Menschen. Sie bevorzugen labile, sorgenbeladene Personen, die wenig eigene Tatkraft besitzen und bereit sind sich unterzuordnen. Einige Lichtarbeiter von euch arbeiten mit solchen Besetzungen und überreden sie über eine künstlich errichtete Lichtsäule ins Jenseits heimzukehren. Erzengel Gabriel bildet zu diesem Zweck Seelenführer aus, die sich um zurückgebliebene Seelen kümmern.

Frage: Wie ist das mit Selbstmördern? Ist das im Seelenplan vorgesehen oder handelt es sich dabei um eine eigenmächtige Veränderung?

Kuthumi
Seid gesegnet und seid in der Liebe, das ist Kuthumi.
Wenn ihr im jenseitigen Bereich euer Leben vorplant, sind doch die meisten auf einen friedlichen Abgang aus. Aber in der Aka-sha-Chronik wird eine sehr komplexe Palette an Möglichkeiten abgedeckt. Sie ist keine Seifenoper voller Friede, Freude, Tralla-la. Es ist alles darin enthalten, was sich menschlicher Geist jemals erdacht und aus Vergnügen und Nervenkitzel ersonnen hat.

Wenn eine Seele in eine Zeitebene geht, die sehr hochschwingend ist und ein hohes Bewusstsein verlangt, kann sie sich so in negativen Emotionen verstricken, dass sie eine Todessehnsucht entwickelt. Das Hohe Selbst versucht dann gegenzusteuern und einen neuen Kurs anzubieten, aber manchmal habt ihr euch so mit euren Scheuklappen auf das Problem fixiert, dass ihr die Lösungen, die rechts und links eures Weges auftauchen, einfach ausblendet. Ihr suhlt euch dann im Leid und wärmt euer Drama immer wieder auf. Eure Ohren sind überhaupt nicht offen für mögliche Veränderungen. Sobald euch jemand aus eurem Drama herausholen möchte, verteidigt ihr euch heftig und erzählt eine neue Story aus dem Fundus „Die Ungerechtigkeiten meines Lebens".

Ihr macht euch in diesem Moment selbst das Leben zur Hölle! Und das kann sich soweit steigern, dass ihr keine andere Chance seht, als euch zu töten.

Solange eine Aussicht besteht, dass ihr doch noch einen neuen Kurs einschlagt, wird euer Hohes Selbst Hilfe organisieren. Ihr werdet dann bei euren Selbstmordvorbereitungen gestört, ein Besucher kommt, das Telefon klingelt oder ihr werdet so müde, dass ihr schlagartig einschlaft. Aber das Hohe Selbst darf nur zweimal eure Pläne vereiteln. Ihr habt einen freien Willen und es ist auch euer Recht, vorzeitig aus einem irdischen Leben auszusteigen.

Wenn sich der Mensch im materiellen Spiel befindet, vergisst er, dass es nur ein Spiel ist, eine „Rolle", für die er sich entschieden hat. Er spielt nicht mehr mit Freude und Spaß am Erfahren, sein „Spiel" bekommt häufig verbissene Züge.

Durch mehr Bewusstheit und Beobachtung der eigenen Gedanken wäre dieses leicht zu umgehen. Antar möchte noch etwas beitragen!

Seid gesegnet! Das war Kuthumi.

Antar

Willkommen, hier ist Antar. Ich komme wieder einmal mit einem praktischen Beispiel zum besseren Verständnis:

Angenommen, ein Mann ist inkarniert auf der Erde, und es ist nach Plan vorgesehen, dass er zwischen 80 und 90 Jahre alt wird, doch gerät er im Alter von 40 in eine schwere Krise, aus der er keinen Ausweg findet, und er verübt schließlich nach zwei Fehlversuchen im Alter von 43 Jahren Selbstmord.

An den Fehlversuchen kann man erkennen, dass der Selbstmord nicht vorgesehen war. Diesem Mann wird bei den Fehlversuchen Hilfe geschickt, die Organisation dieser Hilfe läuft über die Traumebene, er wird gerettet, damit er sich neu besinnen kann und möglicherweise auf die vorgesehene Spur zurückfindet. Oft gelingt das.

Der Mann aus unserem Beispiel verabschiedet sich aber vorzeitig mit 43 Jahren. Wenn eine Seele unter keinen Umständen weiterleben möchte, wird der Lebensplan verändert, und sie kehrt vorzeitig heim.

An dieser Stelle möchte ich bemerken: Selbstmörder gehen nach Hause in die jenseitige Ebene!

An der unsinnigen Vorstellung, sie müssten nun bis zu ihrem tatsächlichen Todestag in den untersten Ebenen schmoren, ist kein Funken Wahrheit!

Sie werden genauso liebevoll aufgenommen wie jeder, der heimkehrt.

Allerdings wurden Selbstmörder über Jahrhunderte von eurer Kirche bestraft, indem sie beispielsweise nicht in geweihter Erde bestattet werden durften. Und das könnte eine Seele dazu verleiten, sich selbst zu verdammen und in der erdnahen Zone zu bleiben. Der „Himmel" bestraft nicht!

Aber kommen wir zu dem Mann aus unserem Beispiel zurück: Er hat also mit 43 Jahren Selbstmord verübt und damit einen

Teil seiner Entwicklungsaufgabe nicht erfüllt. Diese Lernschritte werden dann in einem künftigen Leben erneut anstehen. Ich verabschiede mich, das war Antar.

Weibliche und männliche Spiritualität

Frage: *Es gibt sehr viele Frauen, die sich für spirituelle Seminare und Meditation interessieren. Aber es gibt wenige Männer, die sich damit beschäftigen. Könnt ihr dazu etwas sagen?*

Konfuzius

Wenn jemand männlich inkarniert und hochspirituell ist, offenbart sich das oftmals in Form von Talenten. Diese Person ist dann Channel für Musik, künstlerisches Gestalten, Bühnenarbeit, Literatur und Poesie oder dergleichen.

Weibliche Spiritualität ist etwas anders gelagert: Sie ist neugierig, sie möchte begreifen und Erfahrungen machen. Erfahrungen in dem Sinne, dass sie beginnt, mit der geistigen Ebene bewusst in Kontakt zu treten.

Bei männlichen Personen läuft das Ganze oft direkter, aber unbewusster. Sie spüren das Talent, die Inspiration und sind besessen davon, eine Idee auszuarbeiten und zu vervollkommnen, aber sie sind sich nicht bewusst, dass sie dabei mit der geistigen Ebene verbunden sind. Sie halten es oft für ihr eigenes Talent und ihre eigenen Ideen.

Weibliche Spiritualität ist direkter, sie knüpft direkte Kontakte, und die Neugier treibt sie, hinter die Kulissen zu schauen, um die Funktionsweisen zu verstehen.

Es ist also nicht korrekt, dass sich Männer nicht damit beschäftigen, nur tun sie es auf andere Weise! Auch liegen ihnen oft mentale Techniken mehr! Bewusstseinsarbeit und die Macht ihrer Gedanken praktisch anzuwenden, liegt ihnen durchaus. Nur dem „Engelgeschwader" oder einer „Friede-Freude-Eierkuchenwelt" können sie häufig nichts abgewinnen. Seid gesegnet, das war Konfuzius.

Der Entwicklungsweg aus der göttlichen Quelle bis zum physischen Körper

Frage: Wir möchten gern wissen, wie der Entwicklungsweg aus der Quelle über die Hohen Selbste bis hin zum Menschsein verläuft?

Kuthumi

Seid gesegnet, seid in der Liebe, das ist Kuthumi. Eine sehr umfangreiche Frage! Wir versuchen sie anhand von Bildern und Analogien so zu beantworten, dass sie nach menschlichen Begriffen verständlich wird.

Da gibt es also die Quelle allen Seins. Ihr könnt euch die göttliche Quelle vorstellen wie einen Ozean, in dem Liebe, Einheit und seelisches Wohlbefinden erfahrbar werden, und das in einem Maße, dass es euer Vorstellungsvermögen übersteigt. Die Quelle allen Seins produziert Bewusstsein jeglicher Art. Sie befindet sich in ständiger wogender, schäumender und spritzender Bewegung – eine Bewegung, die aus überfließender Freude entsteht. Es gibt darin eine Unzahl an Farben und Tönen, eine Unzahl an Bewusstseinsfunken, die alle die Einheit mit Gott erfahren.

Die abenteuerlichen Bewusstseinsfunken lassen sich von Geysiren hoch hinausschießen, spielen dabei mit Erfahrungen und fallen wieder in die Quelle zurück. Sie haben viel Spaß daran und probieren verschiedene Bewusstseinsarten aus. So etwas wie Zeit gibt es dabei nicht, aber so ein Pulsieren könnte nach euren Zeitbegriffen eine kleine Ewigkeit dauern.

Verfolgen wir nun den Entwicklungsweg von individuellem bzw. menschlichem Bewusstsein:

Ein Bewusstseinsfunke entscheidet sich dafür, Erfahrungen zu sammeln in dieser speziellen Richtung. Unser Bewusstseinsfunke verlässt mit vielen anderen die Quelle allen Seins.

Die Wahl der Erfahrung von individuellem Bewusstsein wurde beim Verlassen der Quelle getroffen, aber die Entscheidung für einen menschlichen Entwicklungsweg kommt erst sehr viel später. Diese Bewusstseinsfunken sind sich ihrer selbst und auch der anderen bewusst. So etwas wie einen Körper gibt es in diesem Stadium nicht – eher so etwas wie einen Bewusstseinskern – einen Lichtfunken.

Diese Lichtfunken betrachten und bestaunen die göttliche Schöpfung in allen erfahrbaren Facetten. Sie bewegen sich frei durch alle Erfahrungsebenen. Nachdem sie dann alles bestaunt haben, entsteht irgendwann der Wunsch in dieses Spiel einzutauchen. Um mitspielen zu können, benötigen sie eine andere Ausstattung:

Der göttliche Lichtfunke ummantelt sich mit einem Körper. Um das zu bewerkstelligen, duchläuft er einen von sieben möglichen Farb- und Tontunneln. Es ist wie ein Geburtskanal in die androgyne Ebene.

Nachdem der Bewusstseinsfunke den Farbtunnel verlassen hat, besitzt er das erste Mal einen Körper, und zwar einen feinstofflich-androgynen Körper. In diesem Stadium gibt es noch keine Geschlechter. Der erste Körper, der erschaffen wird, ist androgyn. Der farb- und tongeprägte Bewusstseinsfunke wählt sich also einen androgynen Körper und betritt mit diesem die schöpferische Ebene. Jetzt ist er Teil des Spieles. Alles, was er früher als Zuschauer bestaunt hat, kann er jetzt selbst erschaffen. Er sammelt auf spielerisch vergnügte Art Erfahrungen mit der in ihm ruhenden Schöpferkraft, welche sich nach außen versprüht und Realitätsebenen erschafft.

Die Realitätsebenen, die dabei erschaffen werden, können in gewisser Weise Ähnlichkeit mit der Oberfläche eurer Erde haben, nur geht die Vielfalt und Harmonie dieser Ebenen weit darüber hinaus. Das soll keine Abwertung der Erde sein!

Was es in dieser Ebene nicht gibt, das ist der euch bekannte Alterungsprozess, das Sterben und Geborenwerden, sowie die Sexualität. Das alles sind Aspekte des Dualen Universums!

Diese androgynen Wesen leben also in einem zeitlosen Körper und erschaffen mit Hilfe ihrer Vorstellungskraft grandiose Welten, die sie auch immer wieder verändern und perfektionieren können. Haben sie das erst eine kleine Ewigkeit getan, wird es allmählich langweilig. Sie schauen sich an, was ihre Nachbarn erschaffen haben und bekommen vielleicht noch die eine oder andere Anregung. Aber die Begeisterung lässt nach und sie beginnen sich nach neuen Abenteuern zu sehnen.

Und hier kommt das Duale Universum ins Spiel!

Mit der Wahl des Dualen Universums geht gleichzeitig der Wunsch einher: Ich möchte meine eigene Schöpfermacht vergessen! Ich möchte mich abtrennen von meinem inneren Wissen und der mir bewussten Göttlichkeit, um sie am Ende wieder zu finden! Ich möchte einen Weg gehen, der mich Erfahrungen lehrt, die auf andere Weise nicht möglich sind!

Das ist die Wahl, die ihr getroffen habt, bevor ihr das Duale Universum betretet.

Das Duale Universum zeichnet sich aus durch Paare und Gegensätze. Es gibt von allen Dingen auch das Gegenteil: männlich und weiblich, Licht und Schatten, Freude und Leid, Tag und Nacht, Liebe und Angst, um nur einige zu nennen.

Ihr steht nun also mit eurem androgynen Körper und dem vollen Bewusstsein eurer Schöpferkraft an den Toren zum Dualen Universum und ihr wählt all dieses aufzugeben!

Die Voraussetzung zum Betreten des Dualen Universums ist, dass sich eure Seele teilt, das heißt, der androgyne Körper wird aufgegeben und teilt sich in männliche und weibliche Anteile seiner selbst, wobei ein Anteil androgyn bleibt und die Rolle des Hohen Selbstes übernimmt. Es entsteht die Seelenfamilie.

Eine Seelenfamilie kann unterschiedlich groß sein. Die Minifamilie besteht aus einem Hohem Selbst und einem weiblichen und einem männlichen Körper. Die Maxifamilie besteht aus einem Hohen Selbst und vier männlichen und vier weiblichen Körpern. Die meisten wählen eine mittlere Familiengröße.

In der Dualität gibt es polare Kräfte: Positiv und negativ, und dazwischen befindet sich die Neutralität, die in diesem Fall von eurem Hohen Selbst repräsentiert wird. Hohe Selbste haben einen etwas anderen Erfahrungsrahmen. Sie behalten den Überblick, aber inkarnieren selbst nie.

Bei Betreten des Dualen Universums bildet sich also eine Familie, so ähnlich wie die Familien bei euch auf der Erde, nur dass der „Elternanteil", in dem Falle also das Hohe Selbst, aus einer androgynen Persönlichkeit besteht.

Hohe Selbste machen niemals die Erfahrung der Inkarnation in der Physis, aber sie betreuen und beraten euch aus der Ferne. Sie haben sich verpflichtet, euch in eurem Inkarnationszyklus zu unterstützen. Sie weisen euch den Weg, damit ihr eure eigene Göttlichkeit am Schluss wiederfindet. Das ist ihre Aufgabe!

Und nun möchten sich die „Kinder" der Familie erfahren in der Materie, das heißt, es ist vorgesehen, dass sie auf der Erde oder einem anderen Planeten inkarnieren. Meistens ist es so, dass ein Teil dieser Kinder in der Physis inkarniert ist, oft in unterschiedlichen Zeitebenen, und dass die anderen sich in der Zwischenzeit auf feinstofflicher Ebene ausruhen. Diese schauen ihren Geschwistern auf der Erde zu, was sie gerade tun, und betreuen sie zusammen mit dem Hohen Selbst und lernen dadurch.

Das Hohe Selbst kümmert sich um alle Anteile seiner Familie, sowohl um die, die im feinstofflichen Bereich zu Hause sind als auch um diejenigen, die auf einem Planeten in den unterschiedlichen Zeitaltern inkarniert sind.

Ihr besitzt also in der jenseitigen Ebene nicht nur Freunde, sondern auch so etwas wie eine feinstoffliche Familie. Die Bezeichnung Dualseele bezieht sich auf eine Schwester oder einen Bruder, welcher den Gegenpart – geschlechtlich gesehen – darstellt. Ihr habt euch euer Hohes Selbst mitgenommen, damit ihr euch in diesem dualen Spiel nicht dermaßen verliert, dass ihr nicht mehr nach Hause findet. Es ist ja ein gewaltiges Labyrinth von vielen Inkarnationen. Und ihr habt durch eure Verbindung zum Hohen Selbst eine Rückversicherung, dass euch herausgeholfen wird, damit ihr auch diesen Inkarnationszyklus irgendwann wieder beenden könnt. Seid gesegnet.

Frage: Wenn wir den Inkarnationszyklus beendet haben, dann gehen wir zu den Aufgestiegenen Meistern, habt ihr gesagt. Wie kann man sich das vorstellen? Lösen wir uns dann total auf und gehören zu einem energetischen traubenartigen Gebilde? Oder gibt es dann auch noch so etwas wie Privatleben?

Konfuzius

Seid gesegnet, das ist Konfuzius.

Wir werden versuchen, euch eine gewisse Vorstellung „vom traubenartigen Gebilde" zu geben, soweit das mit Worten möglich ist: In dem Moment, wo ihr euren Inkarnationszyklus beendet und den letzten irdischen Körper verlasst, da verlasst ihr auch diese jenseitige Ebene. Ihr könnt euch noch kurze Zeit dort aufhalten und euch verabschieden, das tun viele. Gemeinsam mit eurem Hohen Selbst verlasst ihr, nachdem ihr mit euren Seelengeschwistern zu einer Wesenheit verschmolzen seid, dieses Universum der Dualität, wobei ihr euch zu den Aufgestiegenen Meistern begebt und eure Hohen Selbste zu den Erzengeln.

Wenn ihr nun zu den Aufgestiegenen Meistern kommt, dann werdet ihr unter einem Farbstrahl angegliedert. Das heißt, es gibt einen Bewusstseinsteil von euch, der sich mit dem Strahl verbindet.

Das ist vergleichbar mit eurem kollektiven Bewusstsein, nur ist diese Verbindung zu diesem Strahl bewusster und intensiver. Ihr gehört dann zu der Gruppe dieses Strahles!

Eure Multidimensionalität wird euch bewusster: Alle eure vergangenen Inkarnationen, alle die Persönlichkeiten, die ihr einmal gelebt habt in eurer gesamten Seelenfamilie, stehen euch zur Verfügung und darüber hinaus der Kontext eures Erfahrungsrahmens, der Zeitebenen. Ihr habt also auch einen erweiterten Blickwinkel auf die Akashachronik und seid gleichzeitig in einem energetischen Kollektiv verankert.

Die Aufgabe der Aufgestiegenen Meister ist es nun, irdische Menschen, jüngere Geschwister, die sie möglicherweise aus dem irdischen Leben oder von der jenseitigen Ebene kennen und die ihren Inkarnationszyklus später begonnen haben, zu betreuen und zu unterstützen.

Ihr habt vorhin gefragt nach Privatleben:

Wir können uns Realitätsebenen erschaffen, in denen wir uns energetisch aufhalten, wenn wir das möchten. Es gibt noch eine andere Erfahrungsdimension, welche sehr wohltuend ist; das ist das kollektive Sein – eine Form der Vermischung unserer Energien, die sehr erhebend und segensreich ist.

Wenn ein Mensch auf der Erde die Aufgestiegenen Meister ruft, wählt er einen Farbstrahl aus, und nun ist es unsere Aufgabe, als Kollektiv einen Strahl auszusenden und zu schauen, um was es sich handelt. Innerhalb des Strahles tun sich dann Persönlichkeitsanteile zusammen, die diesen Menschen von früher her kennen, formen ein energetisches Bündel und fahren dieses aus in die physische Ebene. Die Energie kommt bei euch an.

Des Weiteren sind wir informiert über das Hohe Selbst, welches auch als Adapter der Energie dient. Wir helfen einerseits energetisch, andererseits durch Lehren, damit ihr bewusster mit der Situation umgehen könnt und die Zusammenhänge erkennt. Beantwortet das eure Frage?

Frage: *Wie funktioniert das mit dem Lehren?*

Konfuzius

Wir treten z.B. oft als Lehrer auf der Traumebene auf. Viele von euch besuchen Schulungskurse, die von den Aufgestiegenen Meistern oder Erzengeln abgehalten werden. Es geht dabei um verschiedene Themen: Momentan sind Kurse über Existenzängste und Depressionen, und wie man diese Zustände beendet, sehr gefragt. Darüber hinaus gibt es sehr beliebte Seminare über den Aufbau einer gleichberechtigten Gesellschaft. Lasst euch inspirieren und bestellt, bevor ihr zu Bett geht, was ihr auf der Traumebene lernen möchtet. Ihr werdet dann nicht schlagartig über Nacht eine durchgreifende Veränderung spüren, aber nach ca. 20 Tagen spürt ihr deutlich eine neue Bewusstheit.

Wenn wir einen solchen Kursus geben, schicken wir ein Energiebündel in die Traumebene, welches sich ganz besonders gut in dieser Materie auskennt und sich auch so ausdrücken kann, dass es von euch verstanden wird.

Dieser Energiestrahl, der euch unterrichtet, kann sich materialisieren als feinstoffliche Persönlichkeit, so dass ihr einen Lehrer vor euch habt, den ihr wahrnehmen könnt.

Angenommen, in diesem Traumkurs sind 20 Schüler im Raum, die von diesem Lehrer unterrichtet werden, dann kann es sein, dass diese Lehrerpersönlichkeit von allen 20 Schülern auf unterschiedliche Weise wahrgenommen wird. Die Schüler projizieren ihre eigenen Erfahrungen mit Lehrern da hinein! Habt keine Skrupel uns um Hilfe zu bitten! Es ist unsere Aufgabe euch zu helfen!

Frage: In welcher Sprache unterrichtet ihr uns eigentlich auf der Traumebene? Es gibt doch auf der Erde eine riesige Anzahl Sprachen – beherrscht ihr die alle?

Konfuzius

Was euch alle eint, das ist die Seele und die geistige Ebene, die eure Heimat ist. Ihr versteht alle die Lichtsprache – sie ist universell – und wird von jeder Seele verstanden. Jeder Träumende kehrt regelmäßig zu seinen physischen Körper zurück und dabei werden die gewonnenen Erkenntnisse in euer Bewusstsein integriert und auch gedanklich in die jeweilige Sprache übersetzt. Seid gesegnet, das war Konfuzius!

Der Spiegelsaal als Erklärungsmodell der dualen Welt

Konfuzius

Seid gesegnet, seid in der Liebe, das ist Konfuzius.

Wir haben bemerkt, dass es für euch nicht einfach ist, euch in diese feinstofflichen Bereiche hineinzudenken, und deshalb möchten wir euch heute ein fast perfektes Modell anbieten:

Habt ihr schon einmal in einem Spiegelsaal gestanden und euch in zwei einander zugewandten großen Spiegeln an gegenüberliegenden Wänden betrachtet?

Dabei entsteht ein räumlicher Effekt, der sich unendlich fortzusetzen scheint, und in jedem dieser scheinbaren Räume seht ihr euch selbst, abwechselnd von vorn und von hinten. Euer Ich setzt sich über diese „Spiegelräume" immer weiter fort und wird kleiner und kleiner.

Dieses euch allen bekannte Bild ist außerordentlich geeignet zur Erklärung eurer dualen Welt! Da gibt es die Person, die im Spiegelsaal steht, die sich ihrer selbst bewusst ist und auch des Raumes um sich. Das ist euer Hohes Selbst, eure multidimensionale Originalausgabe, die den vollen Überblick behält, sowohl über ihre Persönlichkeiten als auch über die Räume.

Der Spiegelsaal repräsentiert die Lichtwelten, eure geistige Heimat.

Nun kann dieses Hohe Selbst Anteile seiner selbst, „geistige Kinder" ausschicken, die sich erfahren in „gespiegelten Welten". Diese gespiegelten Welten repräsentieren jeweils einen Teilausschnitt des Ganzen – Zeitebenen.

Wenn ihr vom Spiegelsaal aus in die Spiegel hineinseht, könnte der Eindruck entstehen, als ob sich diese „Räume" linear aneinanderreihen.

Nehmen wir an, diese scheinbaren Räume würden in der Ferne eine Krümmung aufweisen, so wie ihr vom Gipfel eines Berges aus die Krümmung der Erde am Horizont erahnen könnt. Die letzten Spiegelräume, die ihr wahrnehmen könnt, kippen ab.

Hättet ihr nun die Fähigkeit, durch diese Spiegelräume zu reisen, dann würdet ihr euch aus dem Spiegelsaal durch eines der zwei Spiegelfenster hindurchbewegen, würdet immer neue Fenster und Realitäten durchbrechen, dabei einen Bogen, einen Kreis vollenden und kämt aus der Öffnung des gegenüberliegenden Spiegels in den Spiegelsaal zurück.

Ihr hättet darüber hinaus vom Spiegelsaal aus zwei Möglichkeiten zum Betreten der gespiegelten Räume: Einmal nach rechts oder nach links. In dieses Phänomen könnte man die Teilung in männliche und weibliche Geschlechter hineininterpretieren.

Nun betrachten wir uns die Personen im Spiegel genauer: Es schaut sich abwechselnd ein Paar an und das nächste steht Rücken zu Rücken. Das widerum erklärt das Prinzip der Dualität, der gegensätzlichen Möglichkeiten: Ja und nein, Zuwendung – Abwendung, Freude – Verzweiflung, Liebe und Angst und so fort.

Die Person im Spiegelsaal – euer Hohes Selbst – bleibt von der verzerrten Sichtweise verschont und behält immer den Überblick. Wir hoffen, dass euch dieses Modell hilft, die Funktionsweise der Akasha-Chronik, der geistigen Heimat, der Zeitebenen und auch die Position des Hohen Selbstes und seiner Persönlichkeitsanteile besser zu verstehen! Seid gesegnet, das war Konfuzius.

Die Aufgaben des Hohen Selbstes

Ich wollte überprüfen, ob es möglich ist, mit dem Hohen Selbst zu sprechen und habe es aus diesem Grund eingeladen. Und es kam!

Hohes Selbst
Ich grüße euch, hier ist Oelbaum. Da ich eingeladen wurde, werde ich die Gelegenheit nutzen und mich auch einmal per „Channel" melden.

Frage: Wie sollen wir dich ansprechen? Herr Oelbaum?

Oelbaum
Ich habe kein Geschlecht, ich bin also weder männlich noch weiblich, das ist bei allen Hohen Selbsten so! Hohe Selbste sind geschlechtslos! Aber wir könnten uns, aufgrund dessen, dass eure Leben in uns abgespeichert werden, als männlich und weiblich darstellen. Nur bevorzugen die meisten ein Aussehen, was irgendwo in der Mitte liegt. Ihr könntet einfach Oelbaum zu mir sagen oder auch…, wir haben auf der feinstofflichen Ebene ein Wort, das ist so ähnlich, wie ihr zu euren Eltern: Papa, Mama, Vater oder Mutter sagt… da gibt es ein Wort, womit die Hohen Selbste auf liebevolle Weise gerufen werden. Mein Channel sträubt sich etwas, weil es ihr zu lächerlich erscheint.
Das Wort ist: Dada! Ich weiß, es ist in eurer Babysprache sehr verbreitet! Und das ist auch kein Zufall!

Frage: Meister Konfuzius hat uns gesagt, die Hohen Selbste betreuen uns. Ist das eure einzige Aufgabe?

Oelbaum
Nicht ganz! Die Hohen Selbste sorgen außerdem gemeinsam für Stabilität in den Lichtwelten. Wir halten mit unserer kollek-

tiven Kraft die Materialisationen der feinstofflichen Realitätsebene stabil. Das ist nötig, da ihr durch euer Vergessen, durch
die Teilung und Verstrickung in duale Ereignisse und daraus
resultierende Ängste und negative Gedanken selbst keine dauerhaften stabilen Welten erhalten könntet. Wir schaffen euch damit einen Ort des Friedens, in dem ihr euch zwischen den Inkarnationen und auch während des Schlafes wieder aufladen könnt.
Wenn ihr verstorben seid, findet ihr hier euer Zuhause!

*Frage: Wie ist das mit den Hohen Selbsten, sagen sie uns auch
manchmal, was wir tun sollen, und geben uns Ratschläge, so wie
man es als Eltern mit seinen Kindern macht?*

Oelbaum
Also bei Hohen Selbsten ist das ein klein wenig anders! Wir betreuen euch, aber wir würden nie irgendwelche Vorschriften machen und sagen: Mache das oder das nicht und tue das und das!
Das würden wir uns nicht erlauben!
Wenn wir gefragt werden, helfen wir euch durch Fragen bei eurer Entscheidungsfindung. Es ist etwas anders, als die Erziehung
bei euch auf der Erde üblich ist. Wir halten uns zurück und
lassen unsere Kinder ausprobieren, was ihnen gefällt. Aber wir
sind ihnen immer, egal was geschieht, in Liebe zugetan! Uns ist
es eigentlich egal, was ihr gerade tut. Das bedeutet nicht, dass
ihr uns gleichgültig seid!
Ihr verfügt über einen freien Willen und dürft euch auch dafür
entscheiden andere zu dominieren oder euch unterdrücken zu
lassen. Alles ist ein großes, gewaltiges Spiel und deswegen halten
wir uns zurück mit Bemerkungen. Es ist eher so, dass die Kinder
bei Problemen kommen und fragen, kannst du mir da mal helfen, oder wie würdest du an meiner Stelle entscheiden?
Und dann sagen wir schon etwas und versuchen eure Bewusst-

heit zu fördern! Indem wir euch beispielsweise fragen, wie sich die Situation anfühlt, und ob ihr den Wunsch hegt, etwas daran zu ändern? Wir führen euch Schritt für Schritt durch mögliche Veränderungen, die ihr erst einmal im Geiste durchspielt, bis ihr dann eine irdische Entscheidung trefft.

Während der Meisterjahre werdet ihr auch unterstützt von euren geistigen Geschwistern aus dem jenseitigen Bereich, sie helfen euch außerdem, damit ihr alle gemeinsam die Prüfung zur Meisterschaft besteht, um diesen Inkarnationszyklus irgendwann zum Abschluss zu bringen.

Darüber hinaus verfügt das Duale Universum über ein Betreuungsgesetz, welches darüber verfügt, dass jedes Hohe Selbst seine Persönlichkeitsanteile an jedem 7. Wochentag betreut. Das bedeutet, jeder Mensch auf eurem Planeten erhält einmal in der Woche die Unterstützung seines Hohen Selbstes.

Wir tauchen dann in eure Aura ein, halten eure Harmonie in Balance, versorgen euch mit Ideen, helfen euch bei Entscheidungen und Erledigungen und begleiten euch durch diesen Tag. Ihr seid dann ausgeglichen, dankbar und manchmal gebt ihr spontan Informationen an andere weiter, über die ihr im nächsten Moment erstaunt seid.

Diesen Betreuungsrhythmus hat jeder Mensch und zwar unabhängig davon, was er mit seinem freien Willen angestellt hat. Aber es liegt in eurer Macht ihn zu intensivieren!

Menschen, die ihre Seele entdeckt haben, suchen häufig die Verbindung zu himmlischer Unterstützung und diese stellen wir euch gern bereit, falls ihr sie abruft.

Des Weiterenen könnt ihr Unterstützung anfordern, und ich betone: anfordern, bei den Aufgestiegenen Meistern und Erzengeln. Das war Oelbaum.

Das Abrufen himmlischer Unterstützung

Frage: Mein Hohes Selbst hat uns neulich erzählt, dass es da diesen Betreuungsrhythmus gibt und man diesen auch intensivieren kann. Wie kann man diese himmlische Unterstützung abrufen?

Konfuzius

Seid gesegnet, seid in der Liebe, das ist Konfuzius. Gut, diesen Betreuungsrhythmus einmal in der Woche hat jeder inkarnierte Mensch – auch wenn er bei euch im Gefängnis sitzt. Euer Hohes Selbst lässt euch also nicht fallen oder schreibt euch zur Adoption aus, wenn die Dinge nicht so laufen, wie das von irgendwem vielleicht erwartet wird. Es ist euch grundsätzlich in Liebe zugetan und beurteilt euer Handeln nicht.

Nun kommen wir zum Abrufen himmlischer Unterstützung: Da ihr ja häufig in Eile seid, würden wir euch an dieser Stelle gern die Schnellverbindung mit eurem Hohen Selbst empfehlen. Sie dauert nur ca. fünf Minuten und würde euch in ein Energiefeld des Friedens einhüllen, welches euch in dieser turbulenten Zeit sehr unterstützen könnte.

Idealerweise solltet ihr diese Übung ausführen, bevor ihr euch morgens in gedankliche Dramen stürzt. Dann ist die Unterstützung ganz besonders intensiv und eure Aura ist wie ein himmlisches Bollwerk des Schutzes und der Ausgeglichenheit. Habt ihr euch allerdings schon in euren Dramen gewälzt und euch über andere Menschen und deren Unzulänglichkeiten im Geiste ereifert, dann reduziert sich eure Aufnahmebereitschaft für göttliche Energie. Deshalb legen wir euch ans Herz diese Übung gleich nach dem Erwachen am Morgen durchzuführen.

Schnellverbindung mit dem Hohen Selbst nach Konfuzius:

Setzt euch hin und wandert gedanklich von den Füßen aufwärts durch euren Körper bis zum Kronenchakra. Dann konzentriert euch auf euer Herzchakra. Visualisiert euren göttlichen Funken im Herzchakra und lasst ihn anwachsen zu einer kleinen Sonne. Sagt zu euch selbst: „Ich bin göttlich! Ich bin eine Seele, die sich zurzeit in einem irdischen Körper befindet, und ich verbinde mich jetzt mit meiner göttlichen Kraft!" Wandert mit eurer Aufmerksamkeit zum Kronenchakra, stellt euch euer Hohes Selbst als eine Lichtgestalt vor, die unmittelbar hinter euch steht und eine etwas größere Lichtsonne oberhalb eures Kopfes in den Händen hält. Stellt euch nun vor, wie ihr von der oberen Sonne Lichtstrahlen über euer Kronenchakra in den Körper zieht und mit eurer Sonne im Herzen verbindet. Dabei könnt ihr folgende Sätze zur Verbindung sprechen: „Göttliches Hohes Selbst, ich verbinde mich mit deiner Energie!" Die Aufmerksamkeit ist oben bei der Sonne eures Hohen Selbstes. „Deine Liebe!" Lichtstrahl visualisieren und hineinziehen zur Sonne im Herzen: „Ist meine Liebe!" Oben: „Deine Weisheit!" herunterziehen „Ist meine Weisheit!" „Deine geistige Klarheit… ist meine geistige Klarheit!" „Deine Harmonie… ist meine Harmonie!" „Dein Überblick über das Leben… ist mein Überblick über das Leben!" „Deine Gesundheit… ist meine Gesundheit!" „Deine Intuition… ist meine Intuition!" „Deine Lebensfreude… ist meine Lebensfreude!" Deine Leichtigkeit… ist meine Leichtigkeit!"
Diese Sätze sind natürlich je nach Bedürfnis erweiterungsfähig oder veränderbar. Und danach sagt ihr: „Hülle mich ein in dein Licht!" und visualisiert, wie die Lichtenergie eures Hohen Selbstes euren Körper vollkommen vom Kopf bis zu den Füssen umhüllt. Eure gesamte Aura ist erfüllt mit der Lichtenergie eures

Hohen Selbstes und der Abschlusssatz lautet: „Begleite mich durch diesen Tag und unterstütze mich bei allem, was ansteht!" So, das war die Schnellverbindung und sie ist überaus wirksam für euer Befinden und eure Entwicklung. Damit seid ihr durch euren eigenen Wunsch in einem intensiveren Betreuungsrhythmus. Sie hilft euch die Turbulenzen eurer Zeit leicht und mühelos zu meistern. Auf diese Weise könnt ihr euch jeden Tag mit eurem Hohen Selbst verbinden.

Frage: Die Schnellverbindung ist wirklich genial – danke noch mal dafür! Wie ist das eigentlich mit dem freien Willen? Könnte ich nicht meinem Hohen Selbst meinen freien Willen abtreten und es für mich entscheiden lassen?

Konfuzius

Was für eine überaus praktische Idee! *(lachend)* Aber so läuft das nicht! Du bist durch den Kanal des Vergessens gegangen, möchtest dich zurückerinnern an deine eigene Göttlichkeit und sie anwenden lernen. Dein Hohes Selbst ist hier nicht in der Schulung – du bist es! Es wird dir bei der Entscheidungsfindung helfen, aber sie dir niemals abnehmen.

Frage: Was ist eigentlich die Aufgabe der Weißen Bruder- und Schwesternschaft?

Kuthumi

Seid gesegnet, seid in der Liebe, das ist Kuthumi.
Wenn ihr gestattet, werden wir erst einmal erklären, was die Weiße Bruder- und Schwesternschaft ist: Die Weiße Bruder- und Schwesternschaft besteht aus ehemaligen Menschen, die auf der Erde oder einem anderen dualen Planeten viele Leben gelebt und letztendlich ihren Inkarnationszyklus beendet ha-

ben, um als wiederverschmolzene Seele aufzusteigen, in die Androgynität zurückzukehren und sich der energetischen Gruppe der „Aufgestiegenen Meister" anzuschließen.

Wir kennen uns aufgrund unserer eigenen Inkarnationserfahrung sehr gut aus mit allen menschlichen Belangen und haben uns die Aufgabe gestellt, den Menschen, die Hilfe anfordern, zu helfen. Wir helfen sozusagen unseren jüngeren Geschwistern, damit auch sie ihren Inkarnationszyklus beenden können und einen Ausweg aus ihrer irdischen Problematik finden.

Und wir tun dies mit sehr viel Liebe und Verständnis. Wir respektieren die Menschen und ihren freien Willen und würden unsere Unterstützung niemals aufdrängen.

Wir helfen gern, aber nur dann, wenn wir gerufen werden und uns von euch eine Aufgabe übertragen wird. Wir übernehmen auch nur Aufgaben, die ethisch in Ordnung sind und zum großen Nutzen aller beitragen.

Am meisten arbeiten wir mit Einzelpersonen und persönlichen Entwicklungswünschen, das geschieht in Absprache mit eurem Hohen Selbst in Form von Energieübertragung, innerer Reinigung und Schulung auf der Traumebene. Darüber hinaus arbeiten wir mit den Erzengeln und der Göttlichen Quelle zusammen und unterstützen Menschen auf positive Weise in ihrer Entwicklung, wenn das gewünscht wird.

Inkarnationen

Frage: Gibt es eine vorgeschriebene Anzahl an Inkarnationen? Oder sucht man sich das selber aus?

Antar

Willkommen, hier ist Antar. Das ist von Seele zu Seele unterschiedlich, aber es gibt einen gewissen Entwicklungszyklus, der abgedeckt sein muss. Das heißt, bestimmte Erfahrungen sind einfach vorgeschrieben und müssen gemacht werden. Es kann niemand seinen Inkarnationszyklus beenden, der noch mit einer starken Opferthematik behaftet ist. Das bedeutet aber nicht zwangsläufig, dass dies von der Person, die in der Opferthematik steckt, zwingend selbst erledigt werden muss.

Dieser Entwicklungszyklus ist die Gesamtaufgabe der Seelenfamilie, also aller Anteile, die zum Hohen Selbst gehören. Sie durchlaufen ein bestimmtes Lernkonzept und absolvieren dabei ein breitgefächertes Erfahrungsprogramm. Und jeder gemachte Entwicklungsschritt steht allen Mitgliedern der Seelenfamilie zur Verfügung. Wenn einer etwas gelernt hat, können es die anderen sehr rasch auch!

Die Gesamtinkarnationen von allen Kindern, die zu einem Hohen Selbst gehören, werden sowohl im Hohen Selbst als auch in allen Seelenanteilen gespeichert. Wenn das Programm erfüllt ist, wenn also alle Erfahrungen abgedeckt sind, dann entsteht der Wunsch, den Inkarnationszyklus zu beenden.

Die Menge an Inkarnationen, die auf eine Seelenfamilie entfallen, kann unterschiedlich sein.

Eine wesentliche Rolle spielt dabei die Anzahl der vorhandenen Kinder. Hat sich eine Wesenheit in viele Anteile (Kinder) geteilt, ist die Menge der Inkarnationen der Einzelseele nicht so hoch wie in einer Familie, die vielleicht nur 3 Kinder hat. Die Gesamtmenge an Inkarnationen, die eine Seelenfamilie macht, kann auch schwanken, deswegen möchte ich es vermeiden, Zahlen zu nennen, aber es sind auf jeden Fall einige hundert insgesamt!

Frage: Was geschieht, wenn man den Inkarnationszyklus beenden möchte?

Kuthumi

Seid gesegnet und seid in der Liebe, das ist Kuthumi. Voraussetzung dafür ist, dass euer Lernprogramm abgeschlossen ist. Es gibt da bestimmte vorgeschriebene Erfahrungen und Entwicklungsschritte: Zum Beispiel wird jeder sowohl als Frau, als auch als Mann, geboren und erlebt in beiden Geschlechtern die Elternschaft. Außerdem übernehmt ihr die Verantwortung für eure Handlungen, das hatten wir euch bereits mitgeteilt. Ein reiferer Schritt ist die Entdeckung eurer gedanklichen Macht und wie ihr eure Gefühle in den Frieden bringt. Selbstbeobachtung – das bewusste Wahrnehmen, wie ihr gerade tickt und euch selbst in unterschiedliche Stimmungen versetzt, gehört ebenfalls dazu. Auch solltet ihr gelernt haben diese Stimmungen willentlich zu wechseln und eure göttliche Kraft anzunehmen! Ist eurer Inkarnationszyklus dann beendet, dann trefft ihr euch mit allen Geschwister, durch die ihr euch geteilt habt, im jenseitigen Bereich. Ihr könnt nur gemeinsam – als ein verschmolzenes androgynes Wesen das Universum der Dualität verlassen. Das heißt im Einzelfall, wenn man den Inkarnationszyklus als „verstorbener Mensch" beenden möchte, wartet man im jenseitigen Bereich, bis alle Geschwister ebenfalls soweit sind, danach verschmelzen alle Seelengeschwister, die sich beim Betreten der dualen Welt gebildet haben, zu einer androgynen Wesenheit.

Das Hohe Selbst verlässt gemeinsam mit seinen „ehemaligen Kindern" diese dualen Dimensionen. Wobei die wiederentstandene Wesenheit, die die irdischen Inkarnationen gelebt hat, sich zu den „Aufgestiegenen Meistern" begibt. Und das ehemalige Hohe Selbst geht in die Vereinigung der „Erzengel".

Da ihr als nächstes sicherlich fragen werdet, was geschieht, wenn eines meiner Geschwister hinterherhinkt und weiter inkarnieren möchte? So geben wir euch gleich die Antwort:

Da ihr zur gleichen Zeit begonnen habt, werdet ihr auch in etwa zur gleichen Zeit fertig!

Seid gesegnet, das war Kuthumi.

Die jenseitigen Ebenen

Frage: Ich habe über die Unterhaltung mit meiner Dualseele her-ausgefunden, dass meine verstorbenen Verwandten in den mittle-ren Schichten des Jenseits sind und war etwas erschrocken darüber. Kann ich irgend etwas dafür tun, dass sie in die lichten Höhen ge-hen?

Antar

Hier ist Antar. Da deine Fragen meinen Bereich betreffen, haben wir gewechselt.

Es ist nicht in jedem Fall möglich, dass eine Seele hinaufgeht in die lichten Höhen des jenseitigen Bereiches. Genausowenig kannst du von einem Menschen, der eine junge Seele hat, erwar-ten, dass er hochspirituell wird. Diese Entwicklung ist nicht vor-gesehen. Das Seelenalter ist irdisch vergleichbar mit dem Men-schenalter und der entsprechenden Entwicklung. Das bedeutet nicht, dass diese Seelen dümmer sind oder unfähig zu lernen, es liegt ganz einfach daran, dass sie ihren Inkarnationszyklus später begonnen haben.

Durch die Menge an Leben, die eine Seelenfamilie bereits hinter sich gebracht hat, entfaltet sich ihr Potential. Du wirst auch nicht von einem Kindergartenkind verlangen, dass es den Real-schulabschluss macht. Das ist so nicht vorgesehen! Deine irdi-schen Verwandten halten sich nicht in irgendwelchen grauen, schlimmen Zonen auf. Das ist nicht der Fall. Sie haben sich das ausgesucht, was ihnen gefällt, und dort sind sie zu Hause. Sie haben dort Verwandte und Freunde getroffen und pflegen Kon-takt miteinander.

Darüber hinaus pflegen sie auch Kontakt zu ihren geistigen Familien.

Nun ist es allerdings so, solange die feinstoffliche Familie noch inkarniert, sehen sich die Geschwister nur für eine bestimmte Zeit, sie werden dann meistens abwechselnd geboren. Das bedeutet, ein Teil verweilt in der Materie, also in einem irdischen Leben, und die anderen sind im feinstofflichen Bereich. Stirbt ein Seelenzwilling auf der Erde, gibt es eine kurze Phase, in der sie im Feinstofflichen zusammen sind und dann wird der andere geboren.

Es gibt auch Ausnahmen, wo zwei auf der Erde und in derselben Zeitzone sind. In der Regel ist es so, dass einige unten und einige oben sind. Und die aus dem Jenseits bemühen sich zusammen mit dem Hohen Selbst um die Geschwister, welche sich auf der Erde befinden. Das ist euch aber meistens nicht bewusst! Dadurch entsteht bei den zu Hause befindlichen Geschwistern ein stärkerer Kontakt zum Hohen Selbst. Sie arbeiten dann sozusagen zusammen.

Zu Beginn des Inkarnationszyklus ist die Zusammenarbeit mit dem Hohen Selbst nicht sehr ausgeprägt, da ist es eher so, dass ihr die Vorzüge des jenseitigen Bereichs genießt und euch ausruht.

Erst in reiferen Seelenaltern entwickelt sich der Wunsch vorankommen zu wollen, um diesen Inkarnationszyklus irgendwann wieder beenden zu können.

Bei Seelen, die erdgebunden und nicht ins Jenseits zurückgekehrt sind, besucht das Hohe Selbst das Hologrammkino und wählt stellvertretend ein neues Leben. Dann sucht es sein Kind in der erdnahen Zone auf. Es zeigt sich häufig als Engel oder Lichtwesen und informiert die Seele: „Du wirst jetzt wiedergeboren!"

Es zeigt ihr dann den Ort und die Familie, wo sie geboren werden soll. Das geschieht unmittelbar vor der Zeugung. Manchmal ist so ein Leben eher kurz und von Karma gekennzeichnet und dient nur der Absicht, dass die Seele diesmal ins Jenseits heimkehrt.

Frage: *Wie kann man sich die jenseitigen Ebenen vorstellen?*

Antar

Ich benutze zur Beantwortung eurer Frage wieder ein Bild:
Stelle dir die jenseitigen Ebenen vor wie ein Hochhaus, bitte - es ist nicht wirklich ein Hochhaus - ich benutze jetzt nur dieses Bild. Ein Hochhaus mit ca. 11 Etagen.

Da gibt es den Keller, da, wo die sogenannten „verlorenen Seelen" sind, die sich nicht heim trauen. Und dann gibt es die darüberliegenden Ebenen. Nun ist es nicht so, dass diese Ebenen voneinander total abgeschottet sind. Es ist eher so, dass die Verstorbenen mehrere „Etagen" benutzen.

Sie wohnen beispielsweise in der 5. und bewegen sich von der 3. bis in die 7. Etage. Aber sie können über die 7. Etage nicht hinausschauen, weil ihre Entwicklungsstufe diese nicht sichtbar macht. Das dürft ihr euch nicht so eng vorstellen, dass sich da jemand immer im selben Raum in der gleichen Etage aufhält.
Sie besuchen sich untereinander und wechseln dabei die Ebenen.
Im übrigen nachts, wenn ihr schlaft, besucht ihr mit eurem feinstofflichen Körper ebenfalls diese Ebenen.

Ich werde versuchen, euch die Ebenen des Dualen Universums sinnbildlich zu erklären:
Stellt euch vor, ihr seid Bergsteiger und erklimmt den Mount Everest, aber beim Aufstieg auf diesen Berg sind nirgendwo Schilder, die besagen: Ihr befindet euch jetzt in 2.000 m, in 3.000 m oder in 4.000 m Höhe. Sorry, mittlerweile gibt es diese Schilder bei euch! Aber im jenseitigen Bereich ist das unüblich.
Es sind da keine Schilder, die angeben: Hier ist diese Dimension und dort ist jene Dimension.

Diese Einteilung nach Dimensionen haben sich vor allen Dingen die Menschen erschaffen, damit sie sich ein Bild machen können von dem, was schwer verständlich ist. Und es ist auch sehr menschlich, dass ihr alles in Kategorien einteilt; in weniger gut entwickelt und in weiter entwickelt und in sehr weit entwickelt. Das sind alles menschliche Denkweisen!

In jenseitigen Ebenen hält sich der Einzelne dort auf, wo es ihm gefällt, wo er Kontakte pflegt und Bekannte hat. Und er könnte auch in Lichtgeschwindigkeit dieses Universum durchreisen, wenn er es möchte. Er wird sich immer dort aufhalten, wohin er ein Interesse hat oder irgendetwas läuft, was ihn interessiert.

Angenommen, ich habe jetzt Freunde, die sich zurzeit auf einem anderen Planeten aufhalten, und ich reise mit meinem feinstofflichen Körper dorthin und treffe sie. Dann habe ich andere Bekannte, die sich in der Verstorbenen-Ebene aufhalten, und „besitze" auch dort meinen eigenen Aufenthaltsort. Darüber hinaus pflege ich Kontakt zu meiner Vater-Mutter-Gott-Person, zu unserem Hohen Selbst, welches wiederum in Dimensionen der Lichtwelten vordringt, die für mich an der Grenze dessen, was ich erleben kann, liegen. Und ich sage dann an einer bestimmten Stelle:

„Es tut mir leid, ich kann dir nicht mehr folgen, ich kann nicht mehr wahrnehmen, was du siehst!"

Aber nirgendwo stehen da irgendwelche Tafeln, wo darauf steht: Du befindest dich jetzt in der 7. Dimension, du bist jetzt in der 5. Dimension oder um Gottes Willen: Geh bloß nicht in die 4. Dimension!

Das ist eigentlich in dem Sinne für uns uninteressant! Es eröffnet sich alles nach und nach.

Frage: *Und da weiß man eigentlich gar nicht genau, wo man sich befindet?*

Antar

Nein! Es sind nur die Menschen, die da so ein Trara darum machen, dass bloß alles lichtvoll und hochschwingend ist! Dabei haltet ihr euch automatisch in der richtigen Ebene auf!

Dazu fällt mir ein Vergleich ein: Auch die Menschen auf der Erde haben unterschiedliche Entwicklungsstufen und damit unterschiedliche Interessen.

Ihr sucht euch z. B. Freunde, die ebenfalls spirituell sind und bewusstseinsmäßig an sich arbeiten. Ihr habt also Umgang mit Menschen, mit denen ihr euch so austauschen könnt, wie es für euch freudvoll ist. Jeder betreibt Aktivitäten, die ihm persönlich Spaß machen!

Ebensogut gibt es auch Menschen, die sich andere Erfahrungen gewählt haben.

Sie leben möglicherweise ein Leben, in dem sie sportbegeistert sind. Andere wiederum sehen ihre Aufgabe in der Erziehung ihrer Kinder, und wieder andere konkurrieren mit ihren Nachbarn um das dickste Auto, den größten Pool und die beste Einrichtung.

So ähnlich müsst ihr euch das vorstellen mit den Dimensionen! Diese Unterschiede sind sozusagen auch Dimensionen, die euch trennen, aber ihr nehmt sie als solche nicht wahr. Genauso ist es auch bei uns!

Frage: Kannst du uns erklären, wie der Aufenthalt im Jenseits ist, in welchen Ebenen sich die Hohen Selbste und Verstorbenen aufhalten, wo sie wohnen und zu Hause sind?

Konfuzius

Seid gesegnet, das ist Konfuzius.

Diese Einteilung in Ebenen, wie ihr es für euer besseres Verständnis tut, die gibt es in übergeordneter Form nicht wirklich!

Zwar gibt es schon gewisse Dimensionen, in die ein Mensch, der inkarniert ist, nicht vordringen kann. Andererseits gibt es wieder andere Bereiche, in die ein Mensch, der sich auf der sogenannten jenseitigen Ebene befindet, auch nicht vordringen kann. Aber ihr habt ein ganzes Universum, in dem Dualität herrscht!

Das war nicht immer so, es hat in der Geschichte dieses Universums einen Zeitpunkt gegeben, wo es dual wurde. Das ist ein anderes Kapitel.

Ihr seid also auf feinstofflicher Ebene nach euren Begriffen sehr, sehr weit unterwegs. Jedoch könnt ihr nicht über dieses Duale Universum hinausreisen. Ihr könntet z. B. auf verschiedenen Planeten, die zu eurem Universum gehören, inkarnieren, und es gibt auch Geschwister von euch oder zurzeit auf der Erde inkarnierte Menschen, die dieses bereits getan haben.

Ihr bevorzugt gerade die Erde und das ist auch gut so, denn ihr habt hier eine Aufgabe übernommen. So eine Aufgabe kann durchaus mehrere Inkarnationen dauern.

Im Traum reist ihr manchmal zu anderen Planeten dieses Dualen Universums, um Freunde oder Geschwister zu besuchen.

Eure Hohen Selbste haben darüber hinaus noch einen größeren Wirkungskreis. Sie können z. B. auch dieses Duale Universum bis zu einem gewissen Grad verlassen, sie haben auf jeden Fall Verbindungen nach außerhalb. Solange sie jedoch hier eine Aufgabe und „Kinder" zu betreuen haben, werden sie es nicht längerfristig verlassen. Was ihr unter wohnen versteht, so seid ihr dabei von euren irdischen Vorstellungen geprägt. In jenseitigen Ebenen versteht man unter „wohnen" ein klein wenig etwas anderes:

Ihr müsst euch nicht ein Haus kaufen oder bauen. Trotzdem hat jeder irgendwo seinen „Platz", an dem er sich mit seiner Familie oder auch allein niederlässt.

Vielleicht habt ihr schon einmal den Begriff „Monade" gehört? Eine Monade ist eine größere Menschengruppe, die alle gleichzeitig das Duale Universum betreten haben. Sie sind alle im selben Seelenalter und bevölkern gemeinsam einen jenseitigen Ort. Wenn ihr also aus einem irdischen Leben ins Jenseits zurückkehrt, dann begebt ihr euch in eure Monade. Die Wahrscheinlichkeit ist groß, dass ihr erst einmal ausgiebig eure Heimkehr feiert und „alte Freunde" trefft.

Irgendwann, wenn die erste Euphorie verflogen ist, schaut ihr euch euer Domizil genauer an. Die letzte Inkarnation hat euch mit neuen Bildern konfrontiert und möglicherweise hegt ihr den Wunsch dieses Gebäude zu verändern. Ihr stellt euch also im Vollbesitz eurer geistigen Kraft vor dieses Haus und beginnt es mit eurer Gedankenkraft umzuformen.

Vielleicht gefällt euch gerade ein asiatisches Tempeldach und den Balkon gestaltet ihr wie den Bug einer Jacht, eine andere Seite ist im Fachwerkstil, die Terrasse bekommt eine rustikale Holzverkleidung und führt auf einen kleinen Strand mit Palmen. Eurer Fantasie sind hier keine Grenzen gesetzt und das Ganze erschafft ihr mit eurer Vorstellungskraft.

Karma

Frage: Könntet ihr bitte den Begriff Karma erklären! Ich habe gehört, dass es Karma heute nicht mehr gibt, aber auf der anderen Seite wird doch in unserer Zeitebene auch gemordet. Könnt ihr etwas dazu sagen?

Kuthumi

Karma bedeutet, dass ihr alles – auch Vergehen, welche ihr in einem früheren Leben in Form von Gewalt ausgeübt habt, zu einem späteren Zeitpunkt in einem anderen Leben in Form von Gewalt erlebt! Die Ursache bringt also eine Wirkung hervor! Es handelt sich hierbei um ein Gesetz des Dualen Universums, welches besagt: Was ihr sät, das werdet ihr ernten!

Nun ist es so: In eurer Zeitebene, sowie in allen anderen Zeitebenen auch, befinden sich Menschen in unterschiedlichen Seelenaltern. Nun verwechselt aber das Seelenalter nicht mit dem Alterungsprozess auf der Erde. Das Seelenalter wird gemessen an der Menge an Inkarnationen. Es gibt sehr junge Menschen, die sich gemessen an ihren Jahren sehr weise verhalten, und es gibt alte Menschen, die sich wie Pubertierende aufführen.

Wir hatten euch schon einmal erklärt, dass die Seele so etwas wie eine Lern- und Spielphase hat.

Sie möchte sich auf abenteuerliche Weise erproben in der materiellen Welt, und mit zunehmenden Inkarnationen gelingt ihr das immer besser. Und dann tritt sie in eine Phase ein, wo sie erproben möchte, wie gut sie ist, wie perfekt sie ist, wie weit sie ihre Mitmenschen manipulieren und austricksen kann. Sie sucht zielstrebig den Moment, wo der gespannte Bogen ihrer Machtspiele bricht. Sie wird sich in diesem Seelenalter schamlos bereichern, und das Ausüben von Macht auf andere ist ihr sehr wichtig. Dabei verstrickt sie sich immer tiefer in ein selbstge-sponnenes Netz von Lügen und Intrigen und kann dabei so stark in Bedrängnis geraten, dass sie aus Angst, ihr Trugbild könnte platzen, oder auch aus Hass mordet.

Auf seelischer Ebene gibt es eine Absprache zwischen Täter und Opfer. Sie greift sich also nicht wahllos, wie es euch scheint, je-manden aus der Menge. Oftmals ist es so, dass die Opfer gegenüber den Tätern in ihrer Entwicklung ein klein wenig wei-ter sind. Sie haben zu einem früheren Zeitpunkt in einem ande-ren Leben gemordet und wollen nun erfahren, wie es ist, das Opfer zu sein.

Das ist jetzt eine Möglichkeit, um Karma auszulöschen, aber das bedeutet nicht, dass es immer auf diese Weise geschieht. Viele wählen auch den Weg, ihr Karma durch positives Dienen, durch Aufopferung für andere abzutragen. Nun, wollt ihr wis-sen, wie das in eurer Zeitebene mit dem Karma ist?

Wenn sich die Seelen über ihre „wilde Phase" hinausentwickelt haben, sind die Vergehen weniger von Gewalt gekennzeichnet. Das Karma wechselt also im Laufe eures Reifungsprozesses seine Form!

In eurer Zeitebene gibt es sehr viele, die diese Erfahrung von späterem Ausgleich nicht mehr nötig haben! „Kleinere Ver-gehen" werden sofort ausgeglichen!

Die neue, feinere Form des Karmas besteht aus Eigentumsdelik-ten, Intrigen, Verleumdungen und einer Vielzahl verbaler Machtspiele. Um so feiner die Vergehen werden, um so schneller geschieht auch die Rückwirkung und Vergeltung!

Wenn ihr also in diesem Leben jemanden bestehlt, dann müsst ihr nicht warten bis ins nächste, die Umkehrung erfolgt auf die Tat, das heißt: ihr werdet bestohlen!

Wenn es euch ein Bedürfnis ist, andere Menschen absichtlich bloßzustellen, zu verspotten oder in einer verbalen Schlacht zu besiegen, dann erntet ihr das Gleiche von anderen! Wenn ihr dieses Ursache-Wirkungs-Prinzip verstanden habt, kommt ihr eher in einen Zyklus, wo ihr euren inneren göttlichen Diamanten schleift und verfeinert durch veränderte Handlungsweisen, ehrliche Kommunikation, klare Gedanken und starke Bewusstwerdung. Ihr werdet dann in eurem Sein edler, und das braucht auch einige Inkarnationen!

Ja, in eurer Zeitebene gibt es noch einige Menschen, die in dieser Entwicklungsphase sind, wo sie das Täter-Opfer-Spiel auf körperliche Weise ausagieren. Sie werden sich nach und nach verabschieden, den Planeten verlassen und nach einem Aufenthalt im Jenseits in einer dichteren Zeitebene wiedergeboren.

Durch die besondere Position der Erde und die damit erhöhte Einstrahlung der Ursonne auf euren Planeten, wird die Bewusstheit der Bewohner beschleunigt und damit auch die Geschwindigkeit des Karmas.

Bei einer großen Anzahl Menschen wird Karma nicht mehr ins nächste Leben übertragen, sie erfahren die Auswirkungen sofort! An dieser Stelle möchten wir etwas einfügen:

Es gibt in eurer Zeitebene einige Menschen, die mit dem Begriff unnötigerweise kokettieren und es sich warm halten, die das Wort Karma wie einen bunten Fächer vor sich hertragen, obwohl ihr Karma aus vergangenen Inkarnationen längst abgegolten ist. Sie halten sich daran fest, um nicht in ihre Eigenmacht und Selbstverantwortung zu gehen. Es dient ihnen als Krücke, um geruhsam in ihrer Opfermentalität zu verbleiben! Dazu ein Beispiel: Einige Menschen haben sich in Abhängigkeitsverhältnisse und Bevormundung durch andere begeben und benutzen die Ausrede: Dies sei ihr Karma!

Sie nehmen dann die Dinge so hin, wie sie gerade kommen, und unternehmen keinerlei Anstrengung, auch nur das Geringste zu verändern.

Eigentlich wären sie gefordert, in ihre Energie zu gehen und dem Gegenüber Grenzen zu setzen! Aber statt dessen kokettieren sie lieber mit ihrem Karma, weil es weniger anstrengend ist!

Frage: Es gibt die Aussage, dass Karma heute nicht mehr existiert, dass wir unser negatives Karma ablegen können. Könnt ihr dazu etwas sagen?

Kuthumi

Seid gesegnet und seid in der Liebe, das ist Kuthumi.

Das stimmt nicht! Die Gesetzmäßigkeiten des Universums sind so konzipiert, dass eure Aussendungen und Handlungen auf euch zurückfallen. Durch diesen Spiegeleffekt kommt euch zu Bewusstsein, welche Handlungen eine unangenehme Rückkopplung nach sich ziehen und diese lernt ihr dann zu vermeiden.

Außerdem sind momentan auch noch sehr viele Teenagerseelen unter euch. Wir hatten euch gesagt, dass sie sich im Moment in einem Prozess der gegenseitigen Aufpeitschung befinden. Das sind die Menschen, die sich gegen diesen Evolutionsschritt entschieden haben. Sie werden sich von eurer aufsteigenden Realitätsebene verabschieden, kehren in den jenseitigen Bereich zurück, um zu einem späteren Zeitpunkt, in einer rückliegenden Zeitebene, wiedergeboren zu werden.

Und für diese Menschen ist das Spiel des Karmas nicht beendet, weil sie sich willentlich dagegen entschieden haben!

Alle anderen, die zur Meisterschaft „ja" gesagt haben, befinden sich im Moment in einem intensiven Lernprozess, in dem sich euer Bewusstseinspotential immer mehr steigert, in dem ihr lernt, eure Schöpfermacht bewusst zu beeinflussen und zum größten Wohle aller einzusetzen.

Die Seelenalter

Frage: Ihr habt schon mehrfach unterschiedliche Seelenalter erwähnt, könntet ihr uns darüber eine Übersicht geben?

Konfuzius

Das Seelenalter ist ein Entwicklungsprozess, ein Erfahrungsprozess, der über viele Leben reicht und den man in bestimmte Zyklen unterteilen kann.
Wir unterscheiden fünf Seelenalter:
- die Babyseele,
- die Kindseele,
- die Teenagerseele,
- die reife Seele und
- die alte Seele.
Wir nennen euch nun zu den einzelnen Seelenaltern bestimmte Merkmale.

Beginnen wir mit der **Babyseele:**
Bevor die Babyseele das erste Mal inkarniert, ist sie noch nie in der materiellen Welt gewesen.
Einerseits ist sie fasziniert von dem Spiel, was ihr „Leben" nennt, andererseits kommt ihr diese materielle Realitätsebene sehr erschreckend vor. Sie hat Angst vor dieser neuen Welt, fühlt aber gleichzeitig eine magische Anziehung. Sie überwindet diese Angst, indem sie in einen Familienverband inkarniert, wo ihr sehr viel Nähe geboten wird, wo Geborgenheit herrscht, wo sie sich anlehnen kann, wo sie unter keinerlei Leistungsdruck gesetzt wird, wo sie ihr Leben lang willkommen und aufgehoben ist in der Großfamilie, in der Sippe, in der Gruppe. Dort fühlt

sich die Babyseele wohl! Die ersten Inkarnationen erlebt sie fast traumartig, sie wirkt weggetreten, eben nicht ganz anwesend.

In der Großfamilie kann sie ihre Angst überwinden, weil ständig jemand um sie herum ist. Sie kommt dabei nicht in Verlegenheit, allein in einem Raum zu sein. Sie braucht die Nähe zu anderen Menschen. Das ist ihr sehr wichtig, weil sie furchtbar unsicher und ängstlich ist. Die Babyseele möchte immer einen Rockzipfel haben, an dem sie sich festhalten kann. Sie braucht jemanden, auf den sie sich verlassen kann, und ist auch ihrer Familie sehr zugetan. Ihre größte Angst ist es, nach außen zu gehen und plötzlich allein dazustehen.

Nun wird diese Babyseele allmählich älter, es gibt da mehrere Inkarnationen in diesem Zyklus.

Langsam lässt sie den Rockzipfel los, und in dem Moment, wo sie loslässt und die ersten selbständigen Schritte nach außen tut, kommt sie ins Seelenalter der Kindseele.

Kindseele

Die Kindseele zeichnet Neugier aus! Sie will überall dabei sein, sie möchte alles wissen, sie will alles sehen, überall zuschauen und ja nichts verpassen!

Sie interessiert alles, was los ist, alles, worüber sich andere Leute unterhalten. Sie steht dabei, wo gearbeitet wird und möchte alles verstehen. Ihr Hauptmerkmal ist das Dabeistehen, Gucken und Fragen stellen!

Sie ist neugierig allem zugetan, was es zu sehen und zu hören gibt. Diese ganzen Informationen saugt sie wie ein Schwamm gierig in sich hinein. Ihr größter Wunsch ist es, dazu zu gehören! Sie ist auch in der Lage, einfache Arbeiten auszuführen, scheut sich aber vor größeren Angelegenheiten. Die Kindseele ist nicht fähig, selbständig zu denken und aus den gesammelten Informationen eigene Schlüsse zu ziehen. Auch ist sie in diesem Alter bereit, Handlungen und Aufträge für andere auszuführen, deren Tragweite sie mit ihrem einfachen Gemüt nicht erfassen kann. Sie wird jede Information als absolute Wahrheit annehmen. Ihre Naivität zieht sie in das Spiel des Karmas. Auf diese Art reagiert die Kindseele.

Später, wenn sie diesem Zyklus entwächst, kommt sie auf die Idee: „Ich kann alles besser!", und damit beginnt das Zeitalter der Teenagerseele.

Die **Teenagerseele** stürmt los, um Erfahrungen zu machen, und sie ist überzeugt, dass sie besser als andere ist! Sie will sich beweisen, sich darstellen und bewundert werden. Sie möchte perfekt sein!

Alles, was sie sich im Zeitalter der Kindseele angeschaut und angehört hat, möchte die Teenagerseele ausprobieren.

Sie ist dabei außerordentlich risikobereit, kein Objekt ist ihr zu schwer, zu groß, zu teuer oder zu gefährlich. Sie möchte der Welt beweisen, dass sie außergewöhnlich ist!

Die Teenagerseele verfügt über keinerlei innere Sicherheiten, noch ist sie bereit, in letzter Konsequenz Verantwortung zu übernehmen. Geht eines ihrer Objekte schief, sind grundsätzlich die anderen Schuld.

Die mangelnde Sicherheit ersetzt sie durch Pracht und Schein! Ihre Kleidung wird exclusiv sein, ihre Fahrzeuge werden auffällig sein und ihre Behausung ebenfalls. Sie stellt sich gern dar und möchte der Welt beweisen, wie leistungsfähig und brillant sie ist. Droht ihr äußerer Schein wie eine Seifenblase zu zerplatzen, ist sie bereit, notfalls gewaltsam ihr mühsam erarbeitetes Image aufrechtzuerhalten. Sie verstrickt sich dabei in Lügen und kriminelle Handlungen.

Oft ist sie innerlich zerrissen und aufgewühlt, und sie wird alles tun, um diese Gefühle nicht wahrzunehmen. Sie hält sich auch selbst sehr lange für perfekt und versucht, anderen dieses Bild von sich zu vermitteln. Im tiefsten Inneren ist sie unsicher, ihr fehlen die Erfahrungen und Werte der reifen Seele.

Am Ende des Zyklus der Teenegerseele kann es vorkommen, dass sie in ein tiefes Trauma stürzt.

Sie hat sich bisher nur an Äußerlichkeiten orientiert, hat gekämpft um ihre Selbstdarstellung und ihre perfekte Maske. All das zerrinnt ihr plötzlich zwischen den Fingern und sie fühlt sich am Ende ihrer Leistungsfähigkeit.

Hier kommt oft der Zusammenbruch. Sie sieht deutlich ihre Scheinwelt, ihre Maske, sie bekommt Selbstzweifel und fühlt sich ausgelaugt. Damit betritt sie das Zeitalter der reifen Seele.

Die **reife Seele** strebt ebenfalls nach Erfahrungen, aber ihr ist es wichtig, diese Erfahrungen zu verstehen, zu hinterfragen und in ihrem Inneren zu verarbeiten. Sie stürmt nicht mehr blindlings drauflos, sie wählt mit Bedacht aus, worin sie sich erfahren möchte.

Im Zyklus der Teenagerseele hat sie viele Erfahrungen gesammelt, die so wild aufeinander folgten, dass sie keine Zeit hatte, sie innerlich zu verarbeiten; darüber ist sie jetzt hinausgewachsen.

Sie setzt neue Prioritäten und Werte. Sie nimmt ihre Gefühle wahr, sie strebt nach Wahrheit und Wahrhaftigkeit. Sie hat einen starken Gerechtigkeitssinn und lässt ihre alte Schutzmaske und allen äußeren Schein fallen.

Manchmal bangt sie noch, ob die anderen sie tatsächlich so annehmen, wie sie ist.

Dieser ganze Entwicklungszyklus vollzieht sich in ihrem Inneren, und sie braucht dafür Zeit, die sie allein verbringt. Zeit zum Grübeln, zum Fühlen, zum Verstehen und Zeit, ihren eigenen Standpunkt zu finden.

Während die Teenagerseele alles tat, um zu verhindern, allein zu sein und zu grübeln, wird der reifen Seele das Alleinsein ein

Bedürfnis. Sie ist versessen darauf zu erfahren, was in ihrem Inneren abläuft. Oft schließt sie sich Selbsthilfegruppen an, um in einem geschützten Rahmen sich selbst und andere besser zu verstehen.

Während die Teenagerseele angelesenes Wissen weitergab, taucht die reife Seele in einen neuen Kontext ein: Wissen aus eigener Erfahrung!

Sie legt im Endstadium dieses Zyklus weniger Wert auf Titel, welche der Teenagerseele noch als Aushängeschild dienten.

Das war der Zyklus der reifen Seele, und nun kommt der Zyklus der alten Seele:

Die **alte Seele** ist auf natürliche Weise spirituell, dabei kann es vorkommen, dass sie sich überhaupt nicht bewusst mit Spiritualität beschäftigt. Sie hat einen natürlichen Zugang zu inneren Bildern und meditativen Grenzerfahrungen und arbeitet bewusst mit Energien, oder sie hört klar ihre innere Stimme, schließt ihr Bewusstsein an höhere Weisheiten an und erweitert damit ihr Weltbild.

Es gibt immer mehrere Möglichkeiten, seine eigene Göttlichkeit, sein eigenes Potential zu entfalten.

Die alte Seele hat ihren Weg klar erkannt und folgt ihm unbeirrt. Sie hätte großartige Führungsqualitäten, weil sie selbst in ihrer Mitte ruht, weil sie aufgehört hat, andere zu missionieren, weil sie ganz natürlich und wahrhaftig göttlich ist.

Sie ruht wie ein Fels in ihrer unerschütterlichen Mitte und strahlt Ruhe, Frieden, natürliche Autorität und Geborgenheit in ihre Umwelt ab, auch dann, wenn um sie Chaos herrscht!

Sie ist ein Quell des Seins!

Und hier gibt es eine Parallele zur Babyseele! Wir hatten gesagt, dass sich die Babyseele in ihren ersten Inkarnationen ins Leben hineinträumt. Bei der alten Seele ist es umgekehrt, sie träumt sich aus dem Leben heraus! Sie ist oft durch ihre inneren Bilder oder durch ihre innere Kommunikation verbunden mit ihrer geistigen Heimat, aber sie verfügt über die Fähigkeit, schnell umzuschalten und die Angelegenheiten in ihrer materiellen Umgebung zu regeln. Für sie sind die Verbindungen klar und natürlich. Sie ist gern mit sich selbst, mit ihren vielfältigen Talenten, mit ihren Gedanken, mit ihren Bildern und Energien beschäftigt. Ihr inneres Wissen und ihre gedankliche Kontemplation eröffnen ihr die Gesetze des Lebens. Diese Beschäftigungen sind für sie freudvoll. Sie hat ihre Meisterschaft erreicht und verfügt über eine große seelische Kraft, da sie sich im Rückverschmelzungsprozess mit ihren seelischen Geschwistern befindet.

Sie zeichnet großer innerer Friede und Wahrhaftigkeit aus. Am Ende dieses Zyklus kehrt sie für immer in ihre geistige Heimat zurück.

Das war das, was wir euch zu den Seelenaltern durchgeben wollten!

Es gibt noch einen weiteren Aspekt, den wir gern beleuchten würden:

Alle Menschen, die sich zurzeit mit euch auf der Erde befinden, haben schon viele Inkarnationen hinter sich gebracht. Es ist niemand von euch zum ersten Mal hier! Ihr wart alle schon oft da! Immer, wenn ihr in einem neuen Körper auf die Erde kommt, durchlauft ihr die Babyzeit, die Kindheit, das Teenageralter und werdet irgendwann erwachsen, die einen früher, die anderen später.

Und ihr erlebt dabei noch einmal euren persönlichen seelischen Entwicklungsweg. Ihr durchlebt die Phase der Babyseele, die Phase der Kindseele, die Phase der Teenagerseele und entwickelt euch so weit, wie ihr in eurer letzten Inkarnation gekommen seid. Natürlich entwickelt ihr euch auch darüber hinaus!

Ihr verarbeitet sozusagen im Zeitraffer den Werdegang eures Inkarnationszyklus!

Deshalb ist es möglich, dass es eine Zeit gibt, wo ihr Perfektion anstrebt, wo ihr Klatsch und Tratsch in euch einsaugt, wo ihr geschäftlich sehr aktiv seid, wo ihr gewalttätig oder militant seid, wo ihr persönliche Krisen und Leid durchlauft, wo ihr euch eurem Inneren zuwendet und wo ihr Lösungen findet.

All diese Phasen sind legitim! Hadert nicht mit euch selbst!

Ihr durchlauft im Zeitraffer eure vergangenen Inkarnationen und erfahrenen Entwicklungsschritte, nicht als solche detailliert, aber ihr erlebt die jeweiligen Zyklen noch einmal im Laufe dieses Lebens und entwickelt euch darüber hinaus!

Viele von euch erinnern sich, dass sie in ihrer Jugendzeit andere Filme bevorzugt haben, dass sie andere Idole und Werte besaßen, und diese Neigungen stammen möglicherweise aus einer vergangenen Inkarnation, wo ihr eine Teenagerseele hattet. Es löst sich dann auf und ihr entwickelt euch mit zunehmender Reife darüber hinaus!

Ihr befindet euch in einer sehr turbulenten Zeitebene, wo Transformation an der Tagesordnung ist, und es kann passieren, dass ihr euer letztes abgespeichertes Seelenalter verlasst und in das nächste Seelenalter wechselt. Dass ihr euch von der Teenagerseele zur reifen Seele oder von der reifen Seele zur alten Seele entwickelt.

Für gewöhnlich haltet ihr euch für mehrere Leben in einem Seelenalter auf, aber in eurer Zeit ist das anders!

Seid gesegnet, das war Konfuzius.

Kuthumi über das Seelenalter in unserer Zeit:
Seid gesegnet, seid in der Liebe, das ist Kuthumi.

In eurer Zeitebene, sowie in allen anderen, sind sehr viele Seelen in unterschiedlichen Seelenaltern inkarniert, wobei in eurer

Realität die Baby- und Kindseelen bereits den Planeten verlassen haben.

Bis Mitte der 1980er Jahre war das Verhältnis auf der Erde so, dass die größte Anzahl von Seelen die Teenagerseele ausmachte. Dieses Gleichgewicht verschiebt sich seit einigen Jahren.

Denn es gibt für eure Zeitebene einen Inkarnationsstopp für Baby-, Kind- und Teenagerseelen. Seit den 90er Jahren werden nur noch reife und alte Seelen für eure Zeitebene zugelassen.

Dadurch verschiebt sich das Gesamtbild und es kommt zu einer Erhöhung des Seelenalters.

Das ist notwendig, da durch die Bestrahlung der Ursonne und die Schwingungserhöhung eurer Realitätsebene sich nur hochschwingendes Bewusstsein längerfristig halten kann. Daher war es nötig, bestimmte Gebote zu erlassen, dass z. B. Teenagerseelen und jüngere Alter für eure Zeitebene keine Inkarnationsberechtigung mehr bekommen.

Es gibt bei euch nun also zunehmend reife und alte Seelen!

Eure Teenagerseelen, die durch das zahlenmäßige Überangebot der Vergangenheit ihre persönlichen Werte als Richtnorm für die breite Masse ins kollektive Bewusstsein einspeisten, ihnen wird das Zepter aus den Händen genommen!

Sie befinden sich in einem Prozess der gegenseitigen Aufpeitschung, Erhitzung und Entladung; dabei werden einige von ihnen den Schritt zur reifen Seele machen, andere verabschieden sich.

Das ist deshalb so, damit sich eure Erde weiter in der Schwingung und Entwicklung erhöhen kann. Am Ende des Jahres 2012 hat die Erde eine rote Linie der Veränderung überschritten und ihr werdet seither intensiv mit dem Wunsch nach Freiheit, Gleichberechtigung, Ehrlichkeit, Liebe und friedvoller Koexistenz bestrahlt. Gegen diese Entwicklung gibt es besonders heftigen Widerstand aus den Reihen der Teenagerseelen. Sie spüren, dass ihnen die Macht genommen wird und kämpfen verzweifelt dagegen an. Gern würden sie ihren privilegierten Status behalten, was natürlich langfristig unmöglich ist. Die Machtinsignien werden übergeben an die reifen Seelen, und diese werden alles auf den Kopf stellen: Unheilige Allianzen beenden, einseitige Verträge zerreißen, Steueroasen austrocknen, die korrupte alte Garde aus dem Amt werfen, die Börsen kastrieren und den Finanzmarkt reformieren, so dass dieser Planet eine Segnung für alle Bewohner wird.

Frage: Das hört sich Klasse an! Seid ihr wirklich sicher, dass das Licht gewinnen wird?

Kuthumi

Lasst uns mit einem Experiment antworten: Ihr benötigt dafür zwei Räume. In einem Räum lasst ihr die Rollläden herunter, so dass er stockdunkel ist. Im Raum nebendran bleiben die Rollläden offen. Die Sonne scheint herein.
Was passiert, wenn ihr die Tür zwischen den beiden Räumen öffnet? Kriecht die Dunkelheit heraus oder breitet sich das Licht aus? Die Dunkelheit ist eine Illusion! Sie verfügt über keinerlei Substanz und bricht zusammen, sobald sie mit Licht konfrontiert wird!

Antwort: Danke, das beruhigt mich sehr!

Kuthumi

Noch ein Wort zum Seelenalter: Viele von euch, die jetzt ohne größeres Schlingern durch diesen Bewusstseinswandel schreiten, sind nicht zum ersten Mal in einer aufsteigenden Realitätsebene. Ihr gehörtet vielleicht bei einem früheren Besuch zu denjenigen, die sich vorzeitig verabschiedeten.

Für Teenagerseelen kann eure Zeitebene sehr hart sein, denn die in ihnen ruhende Energie wird durch die Einstrahlung der Ursonne erhöht wie bei jedem Menschen, der sich in eurer Zeitebene befindet.

Da aber ihr maßgebliches Kennzeichen Unsicherheit und Selbstüberschätzung ist, wird sich dieses erhöhen. Die Auswirkungen seht ihr in euren Nachrichten.

Das ist kurioserweise die Sendung, die am intensivsten über das Treiben der Teenagerseelen berichtet. Wenn euch das bewusst ist, könnt ihr leichter damit umgehen! Aber wir können euch versichern, es kommen Zeiten, in denen Nachrichten noch sehr interessant werden!

Frage: Ich verstehe nicht, wieso ihr einerseits behauptet, es gäbe seit den 1990er Jahren nur noch reife und alte Seelen, die zur Inkarnation auf der Erde zugelassen werden. Aber andererseits gibt es junge Menschen, die sich einer Terrororganisation anschließen oder freiwillig Berufssoldat werden?

Kuthumi

Ihr verfügt über einen freien Willen und dadurch bedingt ist auch Rückentwicklung möglich. Wenn Menschen bewusst ihren Geist und die natürliche Entwicklung durch Süchte, Drogen und Alkohol betäuben, dann bleiben sie länger auf der Stelle stehen und könnten sogar in ihrer Entwicklung zurückfallen. Erklären wir das an einem Beispiel:

Ein junger Mann wird mit einer reifen Seele geboren. Er entwickelt sich gut, wird von seinen Eltern gefördert und erhält Musikunterricht, da er über ein ausgeprägtes musikalisches Talent verfügt. Er hat das Ziel Berufsmusiker zu werden.

Gelegentlich spielt er Kriegsspiele am Computer, diese Beschäftigung hilft ihm seinen Schulfrust abzubauen.

Irgendwann kommt die Aufnahmeprüfung fürs Konservatorium. Es ist die erste wirkliche Herausforderung seines Lebens, bei der es um seine Zukunft geht. Seine Leistungen reichen nicht aus, er fällt durch die Prüfung. Und an dieser Stelle geschieht etwas in ihm: Seine Enttäuschung ist so gewaltig, dass er glaubt, sein Ziel niemals erreichen zu können. Er gibt sich auf! Statt nach einem parallelen Weg Ausschau zu halten oder die Aufnahmeprüfung nach einem Jahr zu wiederholen, macht er sein Lebensglück abhängig von der geplatzten Chance. Das Instrument verwaist, dafür klebt er wie besessen am Computer, erschießt Feinde und konsumiert Alkohol und Drogen. Seine Eltern sind verzweifelt und versuchen, ihn für eine private Musikschule zu begeistern. Seine Gedanken sind aber dermaßen fokussiert auf Versagen, Hoffnungslosigkeit und Selbstzerstörung, dass diese Worte ihn überhaupt nicht erreichen. Er hat den Glauben an sich selbst aufgegeben und der Frust darüber lässt der Sucht freie Bahn.

Letztendlich wird er Berufssoldat und tötet aus der Sicherheit der Drohnenzentrale Menschen in einem fernen Land.

In diesem Moment hat er eine rote Linie überschritten und sein irdisches Leben verwirkt. Alles, was ihr anderen antut, fällt auf euch zurück! Und es ging nie schneller als jetzt! Die Kriegsspieler, die radikal werden, verlassen den Planeten sofort.

Das ist ein Beispiel für tatsächliche Rückentwicklung und die Neuerschaffung von Karma.

Jeder Mensch auf der Erde wird in seinem Leben mit Herausforderungen konfrontiert und hierbei ist die entscheidende Frage: Habt ihr Durchhaltevermögen und bleibt ihr dem Weg, den eure Seele anvisiert hat treu, schafft ihr es, die Hoffnung zu bewahren oder wählt ihr den Weg in die Selbstzerstörung? Diese Entscheidung trefft ihr in eurem Kopf! Seid gesegnet, das war Kuthumi.

Der Aufstieg der Erde

Frage: Du hast mir mal ein Bild von der Zeitbahn der Erde geschickt, es zeigte einen Kreis mit vielen Erden. Was geschieht nun, wenn der Kreis vollendet ist? Da müsste es doch rein theoretisch einen Übergang vom modernen Zeitalter zum Urplaneten Erde geben?

Kuthumi

Eine schlaue Frage, wir loben dich! Ja, es gibt da einen Übergang, und zwar in zweifacher Hinsicht.

Einmal gibt es den Kreis, ein Unendlichkeitssymbol, und zum anderen eine Spirale. Das heißt, es führt eine Bahn aus dem Kreis heraus, die nach oben ansteigt und in einen neuen Kreis führt, der höhergelegen ist und einer anderen Erfahrungsdimension angehört. Seit 2013 befindet ihr euch in der aufsteigenden Spirale, die parallel verläuft.

Im ersten Fall, also dem geschlossenen Kreis, gibt es tatsächlich einen Übergang vom modernen Zeitalter zum Urplaneten Erde. Diese Möglichkeit ergibt sich dann, wenn ihr die Erde zerstören würdet. Der Planet ist auch eingebunden in das Lichtspiel, er besitzt ein Notfallprogramm und wird sich nicht von der menschlichen Rasse zerstören lassen. Die Erde verfügt über ein Bewusstsein, welches mit mehr Kraft und Macht ausgestattet ist, als das der Menschen. Das zeigt sich auch deutlich an euren Bemühungen Naturkatastrophen Einhalt zu gebieten. Die Natur, der Planet ist immer stärker als der Mensch.

Der letztendliche Übergang zum Urplaneten würde durch einen Polsprung herbeigeführt, wobei Kontinente im Meer versinken und neues Festland aufsteigt. Aber wir sind zuversichtlich, dass ihr den anderen Weg einschlagt!

In der zweiten Version verlässt der Planet die dreidimensionale Umlaufbahn, bewegt sich in einer vorgesehenen Bahn über den Kreis hinaus und erreicht dadurch einen spiralförmigen Anstieg, der in eine neue parallele Umlaufbahn führt.

Wenn der Planet Erde den untersten Kreis verlässt, so geschieht das nicht ohne Veränderung!

Die Schwingung erhöht sich in einem Maße, wie ihr es noch nie erlebt habt! Die Spannung und Hektik nehmen zu! Ihr habt das Gefühl, dass die Zeit schneller vergeht, und die Ereignisse scheinen sich zu überschlagen.

All das erlebt ihr im Moment! Und ihr erlebt es, weil sich die Erde, eure Realitätsebene, auf der ihr existiert, aus der Dreidimensionalität herausgehoben hat. Das alles hat schon vor einiger Zeit begonnen. Ihr befindet euch bereits seit 2013 vor dem Tor zum Paralleluniversum und steht unter einer Intensivbestahlung der Ursonne.

Wenn wir hier von Dimensionen sprechen, so ist das nicht physikalisch gemeint, sondern beschreibt eher neue Erfahrungs- und Entwicklungsstufen, wir werden das später noch genauer erklären.

Damit verbunden sind gravierende Veränderungen:

Euer wissenschaftliches Weltbild, welches geprägt wurde in der Vergangenheit, wird sich in Zukunft stark reformieren! Ihr werdet feststellen, dass die Dinge, die ihr denkt und erwartet, immer schneller in euer Leben eintreten! Sie treten für alle Menschen ein, auch dann, wenn ihr von all dem nichts wisst! Unwissenheit wird euch also nicht schützen!

Dadurch wird es unabdingbar sein, dass ihr euch mit euren Gedanken, Überzeugungen und Gefühlen auseinandersetzt – dass ihr lernt, sie klug und schöpferisch zu wählen!

Eben, weil sie sich immer schneller in eurem Leben materialisieren!

In der Vergangenheit wart ihr geschützt durch die Trägheit, dort dauerte es länger, bis sich eure Gedanken im Außen in Ereignissen widerspiegelten. Heute folgt die Rückwirkung unmittelbar! Seid gesegnet, das war Kuthumi.

Arbeitsplätze

Frage: *Es gibt heutzutage viele Menschen, die über ihren Arbeitsplatz klagen, weil sie es kaum noch schaffen, den erhöhten Anforderungen zu entsprechen. Wie wird das in Zukunft weitergehen?*

Antar

Euch hat ja schon Meister Kuthumi gesagt, dass es in eurer Zeitebene heftige Veränderungen gibt und dass jeder Mensch durch diese Schwingungserhöhung Veränderungen unterworfen ist.

Ein großer Teil eurer Firmen und Konzerne arbeitet noch nach dem Leistungs- und Kampfprinzip.

Das bedeutet, dass sie in ihrer Glaubensstruktur und ihren Überzeugungen sehr dreidimensional verankert sind und mit Erpressung gegen ihre Mitarbeiter vorgehen und vor den Kunden demütig auftreten. In solchen Industrie- oder Handelsunternehmen wird das Personal gnadenlos unter Druck gesetzt. Es ist eine typische Erscheinung des auslaufenden Fischezeitalters.

Durch die Schwingungserhöhung verstärken sich die vorgegebenen Strukturen, die in solchen Unternehmen herrschen. Das gleiche gilt auch für Einzelpersonen, Familien oder ähnliche Verbände.

Was an der Basis da ist wird schlimmer, bis es sich entweder verändert oder kollabiert!

Bei solchen Unternehmen „der alten Schule" wäre es in dieser Zeit nötig, dass die Führung umdenkt, dass dort begriffen wird, dass sie nur dann in der Zukunft überlebensfähig sind, wenn ein gutes Arbeitsklima herrscht. Es ist nicht Sinn und Zweck, den Aufsichtsrat und die Aktionäre zu bereichern und die Mitarbeiter systematisch auszubeuten!

Bei vielen Mitarbeitern in solchen Verhältnissen besteht still und heimlich der Wunsch: „Ich möchte nicht mehr so arbeiten! Ich habe keine Lust mehr! Mir macht es keinen Spaß! Ich komme nur hierher, weil ich das Geld brauche! Ich hasse dieses Geschäft! Schon am Sonntag stinkt es mir, dass ich am nächsten Tag wieder dort arbeiten soll!"

Das sind die Gedanken der Mitarbeiter, die in solchen Firmen und Geschäften tätig sind, ganz gleich in welcher Abteilung oder Position – sozusagen vom Keller bis zum Dachgeschoss.

Und diese Gedanken- und Gefühlskräfte senden sich aus!

Eine Eigenschaft des Wassermannzeitalters ist es, dass Lügen keinen langen Bestand haben!

Wenn also solche Gedankenkräfte bei einer großen Anzahl von Mitarbeitern vorhanden sind, kommt es zu Entladungen.

Diejenigen, die in ihrer vollen Schöpferkraft stehen, verlassen solche Arbeitsstellen und finden neue Plätze, wo das Arbeitsklima und die Bezahlung stimmen.

Diese Entladungen, die durch innere Unzufriedenheit hervorgerufen werden, strahlen in mehrere Richtungen aus. Einmal vergiften sie die Atmosphäre in dem Unternehmen: das geschieht dadurch, dass die Mitarbeiter das Gegenteil von dem tun, was sie innerlich denken und fühlen. Zum anderen kommt es durch diese Entladungen zu Übertragungen auf das Materiebewusstsein.

Das, was die Mitarbeiter sich selbst nicht zugestehen, nämlich offen zu sagen: Ich habe keine Lust mehr, so zu funktionieren, entlädt sich in die Steuerung von Maschinen und Computern. Diese übernehmen dann stellvertretend diese Energien, gehen kaputt oder arbeiten mangelhaft. Fehlentscheidungen führen letztendlich in die Katastrophe.

Aus diesem Grund ist es wichtig und vorteilhaft, wenn das Klima am Arbeitsplatz unter den Mitarbeitern und der Geschäftsleitung stimmt.

Die Firmen und Geschäfte, die diese Phase der Veränderung überleben möchten, behandeln ihre Mitarbeiter gleichberechtigt, weil sie wissen, dass sich nichts so sehr auszahlt wie ein gutes Arbeitsklima! Soviel möchte ich im Moment dazu sagen.

Frage: Ihr habt gesagt, die Firmen der Zukunft behandeln ihre Mitarbeiter gleichberechtigt. Wie soll das funktionieren? Was wird dann anders sein?

Konfuzius
Seid gesegnet und in der Liebe, das ist Konfuzius.

Antar hatte euch bereits beschrieben, dass es bei den Arbeitsplätzen und den Firmen der Zukunft Wechsel geben wird. Er hatte euch berichtet vom Wassermannzeitalter und vom auslaufenden Fischezeitalter und den entsprechenden Strukturen.

Es gäbe noch weitere Informationen:

In eurer kollektiven Überzeugung in puncto Arbeit ist es so, dass ihr irgendwann einmal beschlossen habt, dass es „wertvolle" Arbeiten gibt und „unterprivilegierte" Arbeiten.

Nun möchte ein großer Prozentsatz der arbeitenden Bevölkerung zu denen gehören, die „wertvolle" Arbeiten verrichten. Das wiederum hat viele animiert zu studieren, sich weiterzubilden, um eines Tages in der Chefetage zu sitzen.

Ihr habt somit ein Überangebot an gebildeten Menschen geschaffen, und da für diese vielen Menschen kein entsprechendes Angebot an „wertvollen Arbeitsplätzen" vorhanden war, habt ihr euch insofern geholfen, dass ihr die organisatorischen Abläufe künstlich kompliziert und aufgebauscht habt. Ihr habt euch ein Heer an Regeln und Maßnahmepaketen erstellt, welches vollkommen überflüssig ist!

Ihr habt in euren Firmen, Handelsorganisationen und Managementetagen die Arbeitsstrukturierung derart aufgeblasen, und das nur zu dem einen Zweck: der Schaffung von Arbeitsplätzen, die das Prädikat „wertvoll" erhalten.

Aus unserer Sicht ist das der einzige Zweck!

Dieses System ist krank und unrealistisch! Es wird sich in der Zukunft verändern und „abspecken"!

Alles, was zusätzlich, unnötig eingebracht wurde, um den Ablauf zu komplizieren, wird wieder aufgegeben werden! Dadurch entfallen viele Arbeitsplätze!

Diesen ganzen Aufwand verdankt ihr eurem kollektiven Glauben, dass es „wertvolle" Arbeit und „unterprivilegierte" Arbeit gibt!

Erkennt auch darin die Dualität, die in diesem Fall aus euren Überzeugungen kommt!

Dieser Anspruch kommt aus eurem Ego, aus eurem Verstand, denn ihr könnt dann vor euren Freunden und Bekannten sagen: „Ich bin in der und der Position!" Und ihr habt dann das Gefühl, etwas Besonderes zu leisten und „wertvoll" zu sein!

Wir sagen euch: Jeder von euch ist sehr viel mehr, als eine Berufsbezeichnung jemals offenbaren könnte! Ihr alle verfügt über Lebenserfahrung und die Fähigkeit, zu prüfen und zu wählen!

Wenn ihr also dieses Gefühl, etwas Besonderes zu tun, nicht wirklich in eurem Herzen spüren könnt, seid ihr sowieso auf dem falschen Weg!

Jeder von euch hat sich, bevor er in dieses Leben gegangen ist, Idealvorstellungen von seinem Werdegang gemacht. Sollte euch eure Arbeit tief befriedigen und begeistern, dann könnt ihr davon ausgehen, dass ihr auf dem richtigen Weg seid!

Stellt euch die Frage: Liebe ich meine Arbeit? Bin ich begeistert vor Freude, wenn ich an meinen Arbeitsplatz komme? Die Firmen und Handelsorganisationen der Zukunft beschäftigen so viele Menschen, wie es für die geradlinige Organisation ihres Unternehmens sinnvoll ist, sie verzichten auf künstliche Schnörkel und Börsengänge!

Ihre Mitarbeiter tragen Verantwortung und haben ein Mitspracherecht bei allen Belangen, sie werden beteiligt an Gewinnausschüttungen und stimmen ab über Neuanschaffungen und Einstellungen. So sehen die erfolgreichen Firmen der Zukunft aus! Momentan habt ihr eher ein unmündiges System: Die Hauptkassierer sitzen im Aufsichtsrat und treffen sich, um neue Gaunereien zu ersinnen. Sie denken darüber nach, in welchen Ländern sie Neukunden gewinnen können, ohne sich darum zu scheren, dass sie die Anbieter vor Ort damit in den Bankrott treiben. Sie ersinnen, welche Sparmaßnahmen, Lohnkürzungen und Serviceleistungen sie noch abbauen könnten, damit ihnen ihr Luxusleben weiter erhalten bleibt. Dieses kranke System funktioniert nur noch so lange, wie die überforderten, unterbezahlten Mitarbeiter ihre Rolle erfüllen. Aber der Hauptgrund für diese Entwicklung ist eigentlich euer zusammengebrochenes Finanzsystem.

In der Zukunft wird der Mensch selbst bestimmen, wie lang seine Arbeitszeit ist. Es werden sehr viele stundenmäßig kürzer arbeiten.

Ebenso gibt es Veränderungen in der Zusammenarbeit und Menschenführung: Lob und verbale Anerkennung bekommen besondere Bedeutung!

Im Moment arbeiten sehr viele Konzerne und Unternehmen mit Leistungsdruck und Abwertung, Kollegen werden dazu ermuntert, sich gegenseitig auszustechen und zu übertrumpfen. Was daraus entsteht, sind Arbeitsunlust, Fehler und eine kalte Atmosphäre!

Die Qualität eurer Produkte wird mit viel Aufwand schriftlich dokumentiert, jeder Fertigungsschritt ist auf dem Papier festgehalten, ihr habt Maßnahmenkataloge für alle Eventualitäten erstellt, und ihr nährt damit die Angst vor Fehlern, die Unsicherheit und das Misstrauen in das eigene Können!

Was ihr eigentlich erreichen wollt, ist lückenlose Sicherheit und den beliebigen Austausch von Menschen, aber was ihr letztendlich erreicht, ist Handlungsunfähigkeit. Ihr verhindert damit die spontane Entdeckung und Behebung von Fehlern. Ihr entzieht euch mit dieser strukturierten Vorgehensweise den Nährboden für revolutionäre Neuerungen!

Und wir sagen euch: Das ist der falsche Weg! Am Ende dieses aufgeblasenen Getues steht der sichere Konkurs! Bahnbrechende Erfindungen der Zukunft gedeihen in anderer Atmosphäre! Es liegt in eurer Hand, das zu erkennen und zu verändern!

Die Zahl der Menschen, die vor Arbeitsplätzen und ihren Anforderungen Angst haben, ist sehr hoch. Ihre Angst treibt sie in Arbeitslosigkeit und soziale Unsicherheit.

Energetisch sehr viel wertvoller sind Lob, Anerkennung und gemeinsames Lachen.

In solcher Atmosphäre gedeihen die Erfolgsfirmen der Zukunft, weil es die Menschen animiert, gemeinsam ihr Bestes zu geben und dabei Spaß zu haben.

Abwertung, Lohnkürzung und Leistungsdruck bringen die Menschen aus ihrem inneren Gleichgewicht. Angst und Unsicherheit finden einen fruchtbaren Nährboden, die Fehlerquote steigt, die Leistung nimmt ab und als nächstes kommt die Flucht in die Krankheit!

Ihr habt das größtenteils bereits erkannt, aber die Veränderungen lassen auf sich warten!

Ihr könnt die Veränderungen selbst in die Hand nehmen oder weiter warten, bis sie von außen kommen! Sicher ist: Sie werden kommen!

Seid gesegnet, das war Konfuzius.

Dein Schicksal liegt in deinen Gedanken

Seid gesegnet, das ist Kuthumi.

Wir hatten euch bereits erklärt, dass sich die Erde in einer starken Veränderungsphase befindet und dass es für die Menschen den Anschein hat, als ob sich zeitlich alles viel rascher abspielt.

In Wirklichkeit ist es nicht die Zeit, die sich verändert hat, es ist die Schwingung. Durch dieses Herausheben aus dem unteren Kreis, der ehemaligen Umlaufbahn der Erde, erhöht sich die Schwingungfrequenz mehr und mehr und damit gibt es auch Veränderungen in den Menschen.

Die primäre Veränderung ist, dass viele Menschen das Gefühl haben, die Zeit läuft ihnen davon.

Der Stress nimmt zu und einige kommen nicht mehr klar mit ihrem Leben. Sie jagen dann hilflos dem nach, was ihnen wichtig erscheint und sie nach ihrer Meinung erledigen sollten.

Es ist auch eine Zeit, wo ganz entschieden Prioritäten gesetzt werden sollten, und zwar von jedem Einzelnen. Prioritäten, was euch wirklich am Herzen liegt und wo ihr euch etwas vormacht und bereit seid, euch für ein sterbendes System aufzuopfern.

In Zukunft wird jeder Einzelne an sich arbeiten. Im Moment ist das ein bestimmter Prozentsatz, der dieses tut, der schaut: Wie war meine Vergangenheit? Welche Prägungen sind daraus entstanden? Was kann ich selbst dazu beitragen, um aus meinen Mängeln und Ängsten Fülle und Liebe zu erschaffen? Wie kann ich mit meinen Gedanken und Gefühlen meine Zukunft positiv gestalten?

Diese Bewusstseinsarbeit wird mehr und mehr um sich greifen! Wie die einzelnen Menschen nun in diese Richtung gelenkt werden, ist unterschiedlich. Zum Teil geschieht es durch Leid, durch Erfahrungen, die schmerzhaft sind. Sie werden dann unsanft wachgerüttelt und stellen sich dadurch Fragen über den Sinn und das Funktionieren des Lebens.

Durch die Schwingungserhöhung kommt es in der Bevölkerung zur Aufspaltung in verschiedene Gruppen: Ein Teil arbeitet bereits seit einiger Zeit an sich, dann gibt es welche, die stecken im Moment gerade im Leid, in der Katastrophe, sie sind gerade in der „Rüttelphase", so möchten wir es einmal nennen. Und sie suchen dann die Hilfe von Personen, die diese Phase bereits gemeistert haben. Andere, die diesen Schritt im Moment noch nicht gehen möchten, machen sich mehr und mehr von bestimmten Stoffen abhängig. Das können Drogen sein, Tabletten oder auch Alkohol.

Sie benutzen diese Mittel, um nachts Schlaf zu finden, um tagsüber perfekt in ihrem Job die Anforderungen zu erfüllen oder um sich mit Alkohol zu betäuben. Dadurch glauben sie die Sinnlosigkeit ihres Lebens vorübergehend vergessen zu können, aber natürlich geht diese Rechnung nicht auf.

Von der Gruppe, die sich mehr und mehr an Drogen, Krankheiten und Medikamente oder an Alkohol bindet, werden auch noch einige aus ihrer Opferhaltung herausfinden und das Ruder umlegen.

Eine weitere Gruppe hat sehr hasserfüllte Tendenzen. Das sind Menschen, die ihre eigene Unzufriedenheit nach außen projizieren und sich damit Feindbilder erschaffen, zu denen sie sagen können:

Du bist schuld! Diese Aggressionen werden ein Ventil suchen, um sich zu entladen.

Unbewusst suchen diese Menschen nach einer Macht, die stärker ist als ihre verdrängte Wut!

Nicht alle Menschen, die sich im Moment in eurer Zeitebene aufhalten, werden diese Transformation jetzt mitmachen.

Die Veränderungen, die auf euch zukommen, sind letztendlich allesamt positiv und liebevoll! Aber sie werden erst wirksam nach dem Zusammenbruch des alten Systems.

Es wird von jedem Einzelnen erwartet, dass er seine volle Schöpfermacht annimmt!

Das bedeutet: In den nächsten Jahren, die bezeichnet werden als die sogenannten **Meisterjahre,** wird der Mensch seine volle Schöpferkraft erkennen und bewusst einsetzen.

Es handelt sich dabei nicht um einen Fehler im Plan, es ist genauso vorgesehen!

Das bedeutet, dass ihr eure Gedanken und Gefühle analysiert und feststellt, dass ihr euch durch eure Gedanken und Gefühle eure derzeitige Realität, alles, was im Außen auf euch zukommt, erschaffen habt. Der nächste Schritt ist dann, dass ihr eure Gedanken und Gefühle so klärt und bewusst auswählt, dass ihr euer Leben durch eure vollbewusste Wahl immer mehr verbessert.

In diesen Prozess gehört auch ganz deutlich das Gefühl der Liebe hinein!

Menschen, die meditieren, haben oftmals eine Begegnung mit ihrem Hohen Selbst oder einem Engel, wobei sie sehr deutlich ein Gefühl der bedingungslosen Liebe und großer segensreicher Macht erfahren. Diese Art von Liebe wird jetzt gerade auf die Erde und zu den Menschen gebracht. Und es geht darum, dass ihr dieses Gefühl der Liebe in euch erschafft! Dass ihr euch selbst liebt und annehmt so, wie ihr gerade seid! Das würde ungemein die Bewusstheit der Menschen und eures Planeten erhöhen.

Genau darum geht es! Es ist dann wie ein Schneeballsystem, was die anderen ansteckt.

Grobgesehen ist es so, dass die Menschheit mehr und mehr in zwei Gruppen zerfällt: Da sind die, die sich öffnen und bereit sind, die Gemeinsamkeiten mit anderen zu sehen und zu suchen, und da sind die anderen, die ihre Feindbilder verstärken. Das Eine beinhaltet Liebe, das Andere Kampf!

Ihr selbst entscheidet täglich, in welche der beiden Richtungen ihr euch bewegen möchtet! Tut es bewusst! Seid in der Liebe und seid im Segen! Das war Kuthumi.

Konfuzius

Noch ein Wort zur „Rüttelphase": Sie bedeutet, ihr werdet vom Schicksal und eurer Seele so lange mit Herausforderungen bombardiert, bis euer Verstand bereit ist, Parallelen zu entdecken zwischen eurem Denken und dem eben erzeugten, inneren Zustand. Dramatische Geschehnisse fordern euch auf, den Blickwinkel auf euer Leben zu erweitern. Sie rufen dir zu: „Entdecke deine Seele und deine eigene gedankliche Macht! Deine Gedanken werden zu Deinem Schicksal! Lerne sie harmonisch und konstruktiv auszurichten, dann geht es dir sofort besser!"

Frage:
Wie können wir das lernen?

Konfuzius

Der erste Schritt dazu heißt **Selbstbeobachtung**!

Selbstbeobachtung bedeutet, dass ihr euch in die Lage versetzt, euch selbst beim Denken zu beobachten. Werdet euch bewusst gewahr, auf welche Weise ihr denkt. Haltet euch fern von Stress und einem ständigen Aktionismus. Die Stille und Harmonie, die Hingabe zur Kreativität oder auch in die Meditation erschaffen ein inneres Gleichgewicht, welches eure Bewusstheit steigert. Durch diese gesteigerte Selbstwahrnehmung werdet ihr in die Lage versetzt eure eigene Schöpfermacht zu entdecken. Wer also in der Lage ist in seinem eigenen Inneren Harmonie zu erzeugen, wird im nächsten Schritt auch seine Gedanken meistern!

Der wichtigste Zeitpunkt für die Selbstbeobachtung ist der Morgen unmittelbar nach dem Erwachen. Die meisten Menschen legen in den ersten 10 Minuten fest, in welchem inneren Zustand sie den Tag verbringen. Bei vielen läuft das vollautomatisch ohne bewusste Entscheidung. Sie haben schon so viele negative Monologe produziert, dass sie aus diesem reichhaltigen Fundus ein Programm auswählen und zum tausendsten Male wiederkäuen.

Nehmen wir dafür zwei Beispiele, der Jammer- und der Meckermonolog:

Der Jammerer erwacht, streckt sich verhalten, schaut auf den Wecker und denkt: „Was für ein Scheißtag! Jetzt muss ich mitten in der Nacht aufstehen und zu dieser vollkommen bekloppten Arbeit gehen! In meinem Leben ist doch wirklich alles schief gelaufen! Meine Mutter hat mich nicht geliebt. Ich bin nie unterstützt worden! Schon als Kind hatte ich keine Chance. Kein Wunder, dass alles so gekommen ist. Und jetzt ist es zu spät! Ich werde eines Tages in Armut und Einsamkeit sterben! Das ganze Leben ist ein Jammertal!" Daraus ergeben sich Gefühle des Ausgestoßenseins, der Hoffnungslosigkeit und der Verzweiflung. Sie führen zu Krankheit, Alkohol und Drogen und häufig auch zu einem frühen Tod.

Beispiel zwei:

Der Meckerer erwacht, streckt sich verhalten, schaut auf den Wecker und denkt: „Was für ein Scheißtag! Jetzt muss ich mitten in der Nacht aufstehen und zu dieser vollkommen bekloppten Arbeit gehen! Und alle Asylanten und Penner bleiben im Bett liegen! Diesem Gesindel sollte wirklich jemand Beine machen! Es ist eine Schande, was in diesem Land los ist! Da sollte wirklich mal jemand aufräumen! Aber diese Politiker sind ja alles Nullen! Kein Rückgrat, keine Courage, nur Gesülze! Wir schaffen das! Dass ich nicht lache! Und Unsereins wird über den Tisch gezogen! Das lasse ich mir nicht mehr länger gefallen! Die werden schon sehen, was sie davon haben! Die sitzen in ihren maßgeschneiderten Anzügen in Brüssel und debattieren über die Krümmung von Gurken! Als ob wir keine anderen Probleme hätten!" Daraus ergeben sich Gefühle der Rage, des Hasses und der ungezügelten Wut. Sie führen zu Handgreiflichkeiten, Schlägereien und kriminellen Handlungen.

Ihr seht also, wie wichtig es ist, eure eigenen Gedanken zu beobachten! Ihr erschafft damit Zustände, die sowohl euer Inneres vergiften und auch unmittelbare Auswirkungen auf euer Leben und eure Handlungen haben. Die Selbstbeobachtung versetzt euch in die Lage willentlich etwas zu verändern! Nehmt ganz bewusst wahr, welche unheiligen inneren Monologe ihr führt. Wir werden das an anderer Stelle noch weiter ausführen. Seid gesegnet!

Die Kymische Hochzeit

Frage: *Meine Dualseele Antar hat mir neulich gesagt, wir würden wahrscheinlich bald heiraten. Das hat mich ziemlich verwirrt. Habe ich da etwas falsch verstanden oder gibt es so etwas tatsächlich?*

Kuthumi

Ja, es gibt die sogenannte *Kymische Hochzeit!*

Als Kymische Hochzeit bezeichnet man die Rückverschmelzung der Seelenanteile zu einer Wesenheit! Die Veredlung von Wasser in Wein.

Wir hatten euch berichtet, dass sich die Wesenheit beim Betreten des Dualen Universums teilt, sie teilt sich in männliche und weibliche Körper und ein Hohes Selbst. Bevor ihr dieses Universum der Dualität wieder verlasst, findet zuvor eine Rückverschmelzung statt.

Diese Kymische Hochzeit ist also nur in eurem letzten irdischen Leben möglich!

Für die noch auf der Erde lebende Person hieße das, dass sie durch diese himmlische Vermählung in ihrem geistigen und seelischen Potential verstärkt würde, da der Seelenzwilling ebenfalls im Körper anwesend wäre. Sie würde am Ende des Lebens im jenseitigen Bereich in die Androgynität zurückkehren und wäre dann weder männlich noch weiblich und würde diesen Inkarnationszyklus in der Physis beenden. Gemeinsam mit ihrer Monade verlässt sie das Duale Universum und begibt sich zu den „Aufgestiegenen Meistern".

Zur Kymischen Hochzeit möchten wir euch noch folgendes sagen:

Wenn eine Seelenfamilie diese Wiederverschmelzung plant, muss dafür beim Karmischen Rat eine Genehmigung eingeholt werden. Dort wird dann geprüft, ob diesem Antrag stattgegeben wird oder ob diese Seelen noch weiter inkarnieren sollten.

Nicht jedem, der sich wünscht, diesen Inkarnationszyklus zu beenden, wird das auch gestattet, denn es könnte sein, dass noch irgendein Lernprogramm anliegt. Und deshalb die Entscheidung von höherer Stelle. Wenn eure Seele reif dafür ist, wird sie diesen Antrag automatisch stellen, das geschieht nachts über die Traumebene.

Wir möchten euch aber Mut machen, denn eine große Anzahl Menschen, die sich zurzeit auf der Erde befinden, werden diesen Schritt gehen! Für sie wäre es dann die letzte irdische Inkarnation! Beantwortet das eure Frage?

Frage: Noch nicht ganz! Wenn ich das machen würde mit dieser Hochzeit, dieser Verschmelzung, vorausgesetzt, es wird genehmigt, müsste ich dann auf der Stelle sterben?

Kuthumi

Nein! Es ist dann so, dass sich der Seelenanteil deiner Dualseele durch diese Hochzeit an dich bindet. Der Kontakt wird enger, weil ihr sozusagen auf höherer Ebene als ein Wesen verschmolzen seid.

Die Androgynität wird damit bereits angelegt.

Das bedeutet aber nicht, dass sich dein physischer Körper verändert. Es ist nur so, dass dadurch der Kontakt zu deiner Zwillingsseele enger wird und ihr mehr als ein Wesen agiert. Das würde auch eure Aufgabe auf der Erde sehr unterstützen. Ihr werdet dadurch kraftvoller und klarer! Antar möchte gern noch etwas sagen. Seid gesegnet!

Antar

Guten Abend! Schön, dass euch Meister Kuthumi bereits von der Kymischen Hochzeit berichtet hat. Wir haben also diesen Antrag gestellt und warten darauf, ob er genehmigt wird. Wenn alles dafür spricht, was ich doch sehr hoffe, dann könnte das die letzte Inkarnation sein.

Frage: Und wir könnten also trotzdem unsere Lebensaufgabe hier noch beenden? Was gibt es für Kriterien, dass der Antrag abgelehnt werden könnte?

Antar

Wir könnten natürlich unsere Lebensaufgabe beenden, und es würde sogar viel leichter gehen, weil du dadurch kraftvoller und zielgerichteter wärest!

Doch nun zum zweiten Teil deiner Frage! Dafür muss ich weiter ausholen:

Gerade, wenn sich die Zwillingsseelen kennenlernen, sind sie sehr heftig ineinander verliebt. Sie merken mit absoluter Deutlichkeit: Dieser andere Teil, das bin ich!

Dadurch entsteht der innige Wunsch zu heiraten, um endlich wieder eins zu werden.

Der Wunsch nach Verschmelzung ist von Natur aus vorgesehen. Außerdem ist es so: Durch die Trennung in männliche und weibliche Körper kommt überhaupt erst eure Sexualität, eure Anziehung zwischen Frauen und Männern zustande. Wenn diese Trennung nicht wäre, gäbe es auf der Erde kein Interesse an Sexualität. Erst durch diese Teilung seid ihr unbewusst auf der Suche nach dem zweiten Teil – nach eurer Vollendung, so möchte ich mal sagen. Das löst aus, dass ihr nach Frauen bzw. nach Männern Ausschau haltet!

Aber ich bin vom Thema abgeschweift.

Dieser Wunsch nach Verschmelzung besteht also auch bei Seelen, die sich erst frisch wiedergefunden haben. Stellt euch das so vor: Diese Trennung ist am Anfang des Inkarnationszyklus so komplex, dass die Seele in der Physis herumirrt und ihre zweite Hälfte sucht und oft verzweifelt die Partner wechselt, um das zu finden, was verloren scheint.

Aber erst wenn die Seele einen bestimmten Reifegrad erreicht hat, kommt es zu Treffen. Dies geschieht dadurch, dass zwei der Seelenzwillinge in derselben Zeitebene inkarnieren und sich in der Physis kennenlernen. Ist diese Verbindung einmal geschaffen, reißt sie meist nicht wieder ab. Sie besteht allerdings die meiste Zeit auf feinstofflicher Ebene. Dieses Wiedererkennen ist sehr heftig, was dabei intensiv gefühlt wird, ist: Ich bin du und du bist ich!

Und dadurch entsteht der Wunsch, wieder eins zu sein. Deshalb empfinden sie beim ersten Wiedererkennen sehr intensiv: Wir möchten wieder vereint sein!

Dann stellen sie oft in ihrer Euphorie den Antrag, wieder zu verschmelzen, also zu heiraten. Dann wird ihnen gesagt: „Es tut uns furchtbar leid, aber ihr müsst erst euren Inkarnationszyklus vollenden, da stehen noch diese und jene Entwicklungsschritte aus. Wenn es dann soweit ist, könnt ihr gerne wiederkommen!" Sie legen sich dann gemeinsam heftig ins Zeug, wie ihr sagen würdet, um den Rest aufzuarbeiten, aber dieses ist dem Wachbewusstsein nicht bewusst.

Frage: Was geschieht genau bei der Kymischen Hochzeit?

Konfuzius
Seid gesegnet, seid in der Liebe, das ist Konfuzius.
Hat der karmische Rat eure Kymische Hochzeit genehmigt, dann besuchen die Seelengeschwister gemeinsam auf der Traum-

ebene ein Schulungsprogramm, bei dem es um die Aufarbeitung ihres Inkarnationszyklus geht. Ihr könnt nur wiederverschmolzen werden, wenn die Konflikte der Vergangenheit bewältigt sind.

Seelengeschwister, die sich in der Physis begegnen, reagieren sehr emotional und heftig aufeinander und verletzen häufig ihre Gefühle. Es kommt zu Missverständnissen, die ungeklärt zwischen ihnen kreisen.

Alle diese gegenseitigen Verletzungen werden auf der Traumebene ausgeräumt, bevor ihr euch in der Kymischen Hochzeit zu einem Wesen vereint. Das ist eine Grundvoraussetzung für inneren Frieden. Erst danach kommt die körperliche Verschmelzung. Dafür wird aus dem Ätherkörper der physischen Person eine Blaupause abgezogen und in eure Dualseele, welche sich im jenseitigen Bereich aufhält, eingeschmolzen. Eure Dualseele verändert sich dann mit ihrem feinstofflichen Körper, es geschehen größenmäßige Anpassungen und eine Vermischung eurer Energien.

Dieses Material beginnt sich vom Herzchakra aus auszuweiten und beginnt einen Transformationsprozess in eurer Dualseele, die sich darauf feinkörperlich verändert, sich aber weiterhin auf feinstofflicher Ebene aufhält.

Die Veränderung am Körper eures Duales ist derart, dass sich das Geschlecht zurückbildet in Richtung Androgynität; das Schwingungspotential, euer persönlicher Code, welcher besagt: hier stehe ich im Moment in meiner Entwicklung, wird angeglichen.

Im feinstofflichen Körper eurer Dualseele vollziehen sich Verwandlungen und Anpassungen, indem euer Material, eure Blaupause, sich mit ihrer vermischt.

Dieser Verschmelzungsprozess auf feinstofflicher Ebene dauert etwa 10 Monate.

In dieser Zeit kann es geschehen, dass ihr plötzlich Schmerzen in bestimmten Körperregionen bekommt, die sich nach etwa zwei Tagen verlieren. Das ist besonders dann der Fall, wenn ihr mit einem gegengeschlechtlichen Geschwisterteil verschmelzt. Häufig gibt es Schmerzen in den Hüften, den Schultern, Kiefern und auch den Gelenken, weil sich zu diesem Zeitpunkt euer Dual körperlich an diesen Stellen verändert. Ihr seid deshalb in der Lage, diese Schmerzen zu empfangen, weil ein Teil von euch, eben diese Blaupause eures Ätherkörpers, an diesem Prozess beteiligt ist.

Ist dieser Vereinigungsprozess auf feinstofflicher Ebene vollendet, kommt das Verschmelzen mit eurem physischen Körper. Einige von euch werden dieses heilige Ritual sehr deutlich in einem Wachtraum erleben. Ihr werdet dabei in einem Lichtkanal zu einem Wesen vereint und bewohnt danach auch gemeinsam den physischen Körper. Ihr fühlt euch danach vollständiger. Ihr könnt mehrere Kymische Hochzeiten haben, besonders dann, wenn ihr aus einer großen Seelenfamilie kommt.

Frage: Verändert sich dadurch unser Körper?

Konfuzius

Nein! Die Veränderungen sind feinstofflicher Natur! Was sich verändert, ist nicht der Körper sondern der Geist: Ihr fühlt euch vollständiger, werdet klarer, verfügt über das doppelte Seelenpotential und eine größere göttliche Kraft. Bestimmte Eigenschaften, die euch bisher gefehlt haben, können in Erscheinung treten, möglicherweise werdet ihr zielstrebiger, was euren Lebensplan angeht. Und eure innere Stimme kann an Klarheit gewinnen! Seid gesegnet, das war Konfuzius.

Antar

Wir haben die Genehmigung!

Das heißt: Dieses Leben ist die letzte Inkarnation. Gott sei Dank!

Wenn es dann so weit ist, feiern wir in der Monade ein großes Fest. Diese Feste haben ein bisschen Ähnlichkeit mit eurem Polterabend. Zur Unterhaltung der Gäste übertragen wir die größten Peinlichkeiten unseres Inkarnationszyklus auf eine Bildwand.

Kommentar: Na toll! Dann sind wir im jenseitigen Bereich unendlich blamiert.

Antar

Ist doch egal. Das machen alle so! Danach kommt die heilige Zeremonie und dann kleben wir zusammen.

(Die kymische Hochzeit zwischen Antar und Ute hat im Oktober 2001 stattgefunden.)

Unfälle, Katastrophen und Nahtod-Erlebnisse

Frage: Es gibt immer häufiger in den Nachrichten Berichte über Katastrophen. Ich denke jetzt gerade an den Tsunami, der an Weihnachten 2004 Thailand überrollte. Ich habe Manna über mein Hohes Selbst dorthin geschickt und wollte gern wissen, was man tun kann, wenn man energetisch helfen möchte? Und warum diese Katastrophen geschehen?

Konfuzius

Seid gesegnet! In der heutigen Zeit, in der so gewaltige Veränderungen stattfinden, gibt es natürlich auch Seelen, die diesen Schritt, sich ihrer Gedanken und Gefühle bewusst zu werden und in ihre eigene Schöpfermacht zu kommen, noch nicht gehen können. Sie haben sich in ihrer Sichtweise auf ihre Lebensumstände häufig festgefahren und diese Seelen möchten sich dann verabschieden.

Diese Unfälle, die jetzt häufig in den Nachrichten auftauchen, das sind geplante Unfälle. Die Seelen, die solch eine Gelegenheit nutzen, um bei einem Unfall ums Leben zu kommen, haben diese Entscheidung auf feinstofflicher Ebene getroffen. Es stirbt niemand zufällig!

Aber es ist immer gut, wenn ihr bei solch einem Unfall Manna (Energieaustausch aus der Hunalehre) schickt an euer Hohes Selbst. Manna ist zu jeder Zeit willkommen, auch an „normalen Tagen"!

Wir benutzen das Manna, das ihr spendet, für gute Zwecke, z.B. für die Angehörigen der Opfer oder auch vor dem Unfall, um Menschen das Flugzeug „verpassen" zu lassen, um sie an diesem speziellen Tag zu einen Ausflug in die Berge zu ermuntern und vieles mehr. Euer Manna wird immer guten Zwecken zugeführt, da könnt ihr ganz sicher sein. Wir verwenden es auch für Menschen, die gerade durch Krisen gehen oder in Notsituationen stecken, um gewisse Entwicklungen abzubiegen.

Aber bei solchen Unfällen, wo Menschen ums Leben kommen, da wurde dieses von der Seele so entschieden, und die Gründe dafür können in jedem Fall anders gelagert sein. Seid gesegnet!

Frage: Welche Bedeutung haben Nahtod-Erlebnisse in der jetzigen Zeit?

Kuthumi
Seid gesegnet und in der Liebe, das ist Kuthumi. Ihr lebt in einer Zeit, wo eure medizintechnischen Möglichkeiten sehr weit vorangeschritten sind. Menschen, die Nahtod-Erlebnisse haben, wünschen sich auf der Seelenebene, einen anderen umfassenderen Blickwinkel auf ihr Leben zu erhalten, und planen dann ein solches Erlebnis, natürlich ohne dass es ihrem Wachbewusstsein bewusst ist.

Es geht dabei nicht um Sterben, sondern um Erwachen zu einem neuen Bewusstsein, auch wenn es sich für Außenstehende anders präsentiert. Beim Erwecken geht es darum, dass einem Menschen Erlebnisse offenbart werden, die sein Weltbild erschüttern und die er bisher auf andere Weise nicht erfahren konnte, weil er sich möglicherweise nie mit dem Tod auseinandergesetzt, weil er kein Interesse an Religion oder Spiritualität hat oder ein Leben nach dem Tod für undenkbar hält.

Aus diesen Gründen könnte sich ein Mensch ein Nahtod-Erlebnis wählen. Eure Kliniken sind auf Reanimation vorbereitet und sie kommt heute häufiger vor als noch vor 30 Jahren. Dabei wollen wir nicht sagen, dass dies früher nicht erlebbar war, nur lief es weniger dramatisch ab. Es hat auch früher schon Menschen gegeben, die Nahtod-Erfahrungen in Form eines kurzen Herzstillstandes hatten und dann von ihren Angehörigen durch heftiges Schütteln, Herzmassage und Mund- zu Mundbeatmung zurückgeholt wurden.

Nahtod-Erlebnisse sind immer im Seelenplan inbegriffen und haben nichts mit Sterben zu tun, sondern immer etwas mit Erwachen zu einem neuen Weltbild. Die meisten Personen sind nach einem solchen Erlebnis sehr verändert. Es tritt häufig, aber nicht bei jedem, eine Phase der Trauer auf. Manche wünschen sich zurück in diese Erfahrungsebene, wo sie Akzeptanz, Liebe und tiefen Frieden kennengelernt haben. Aber es war vorgesehen, dass sie errettet wurden und ihr Leben fortsetzen. Die Fortsetzung des Lebens ist also vorgesehen! Es wird niemand zufällig erfolgreich reanimiert!

Der Sinn eines Nahtod-Erlebnisses besteht darin, dem Patienten ein neues, erweitertes Weltbild zu vermitteln. Viele beginnen danach, esoterische Bücher zu lesen und zu meditieren, weil sie erfahren haben, dass sie eine unsterbliche Seele besitzen und dass es noch andere Realitätsebenen gibt. In der Phase der Trauer vergessen sie manchmal, dass sie hier unten noch eine Aufgabe haben, doch wären sie nicht zurückgeschickt worden, wenn dies nicht so wäre!

Diese Aufgabe besteht bei allen erst einmal darin, ihr altes Weltbild zu korrigieren, und soweit es ihnen möglich ist, ihre volle bewusste Schöpfermacht anzunehmen, ihre Gedanken und Gefühle zu prüfen, was im Moment bei allen Menschen angesagt ist. Herauszufinden, wo ihre Stärken und Talente sind und nach und nach zu erkennen, was ihre wahre Lebensaufgabe ist. Möglicherweise besteht die Aufgabe bei einigen darin, anderen dieses Licht, diese Liebe und diesen Frieden nahezubringen.

Frage: *Es gibt doch aber auch Menschen, die reanimiert wurden und kein solches Erlebnis hatten. Warum ist das so?*

Kuthumi

Es gibt Menschen, die sich ein Nahtod-Erlebnis kreieren, aber nicht jeder, der klinisch tot war, erinnert sich danach an das, was er erlebt hat. Dafür muss eine Bereitschaft vom Wachbewusstsein vorhanden sein. Wenn diese Bereitschaft vorliegt, dann wird dieses Erlebnis bewusst. Der Mensch befindet sich dann in einer bestimmten Entwicklungsstufe, wo sein Verstand bereit ist, das Erlebte anzunehmen. Es ist grundsätzlich freigestellt, ob er es erinnert oder nicht.

Alle Menschen, die zurückgeholt wurden ins Leben, haben dabei eine „Jenseitsvision" gehabt, aber ihr Wachbewusstsein entscheidet darüber, ob sie die Erinnerung annehmen können. Seid gesegnet!

Frage: *Wie ist das bei Menschen, die durch einen Unfall ums Leben kommen? Die gehen doch dann nicht durch den Prozess des Sterbens, wo sie rückangebunden werden an ihre Seele?*

Antar

Ja, da habt ihr recht! Was ich dazu sagen möchte, ist folgendes: Die Entscheidung für den Unfall wurde auf der Seelenebene getroffen! Es wird also niemand durch Zufall in einen Unfall verwickelt, wie ihr immer glaubt. Diese Entscheidung ist auf Seelenebene gefallen, und die Gründe dafür sind vielfältig und auch sehr unterschiedlich.

Ich nenne euch jetzt mal drei mögliche Gründe:

Es kann sein, dass ein Mensch seinen Seelenplan, alles, was für dieses Leben relevant war, beendet hat. Alle seine Erledigungen und Erfahrungen sind getan! Das wäre jetzt so eine Möglichkeit.

Jetzt werdet ihr sicherlich fragen: Wieso stirbt so ein Mensch durch einen Unfall und nicht friedlich im Bett?

In diesem Fall wäre es möglich, dass so ein Mensch in einer vergangenen Inkarnation erlebt hat, dass er sehr langsam dahinsiechte und sehr leidvoll starb.

Eine solche Erfahrung in der Seele könnte sich dahingehend auswirken, dass die Seele sich sagt: Das nächste Mal beugst du vor! So ein langer Leidensweg kommt nicht mehr in Frage!

Durch diese Vorgeschichte, die dem Wachbewusstsein natürlich nicht bewusst ist, könnte sich eine Seele dafür entscheiden, durch einen Unfall ums Leben zu kommen, was natürlich für die Angehörigen sehr schwierig ist, weil sie mit dieser Situation sehr plötzlich konfrontiert werden und das erst einmal verdauen müssen.

Der zweite Grund, warum sich jemand wählt, durch einen Unfall ums Leben zu kommen, könnte z.B. der sein: Ein Mensch kommt mit seinem Leben überhaupt nicht mehr zurecht! Er hat Selbstmordgedanken und wünscht sich, diese Ebene zu verlassen. Ich rede jetzt nicht von einer kurzfristigen Krise, sondern von einer langwährenden Lebensunlust und schweren Depression!

Derartige Lebenssituationen ziehen Unfälle an, wobei sie nicht immer tödlich sein müssen – jedenfalls nicht am Anfang. Was sich der Mensch in diesem Moment wünscht, ist, dass er das Leben, so wie er es im Moment lebt mit seinem Umfeld, mit seinem Arbeits- oder auch nicht Arbeitsfeld, mit seinen inneren Überzeugungen, dass er dieses bis oben hin satt hat und da heraus möchte. Er möchte nicht mehr auf diese Art und Weise weiterleben, weil ihm die Lebensqualität abhanden gekommen ist! Das ist eigentlich der Wunsch hinter dem Unfall und hinter der Lebenskrise! Wäre dieser Mensch in seiner Kraft, würde er bewusst Veränderungen schaffen. Er würde z.B. eine ungeliebte Arbeit aufgeben, er würde eine zerrüttete Ehe beenden, und er würde alle Abhängigkeitsverhältnisse, die er sich selbst einmal geschaffen hat, freiräumen. Das wäre also die zweite Möglichkeit für einen Unfall.

Die dritte Möglichkeit betrifft Menschen, die von ihrer Energie her sehr, sehr aggressiv sind. Hinter der äußeren Aggressivität steht ein gewaltiges Maß an Selbsthass und ungeweinten Tränen. Sie sind hart gegen sich selbst, und ihren Mitmenschen gegenüber gehen sie förmlich „über Leichen" und die Chance ist groß, dass sie eines Tages über ihre eigene stolpern.

Hier würde es helfen, wenn die betreffende Person ihre Gefühle wahrnehmen würde. Die Personen der dritten Gruppe führen im Äußeren ein Leben, welches ihren inneren seelischen Überzeugungen entgegenläuft. Sie verleugnen sehr ihre Gefühle, ihre Liebe und ihre Achtung vor anderen und vor zwischenmenschlichen Umgehensweisen. Solche Menschen kommen also zuweilen durch einen Unfall ums Leben.

So, das waren jetzt diese drei Hauptunfall-Kandidaten, die ich euch beschreiben wollte. Es gibt natürlich noch andere! Dieses Spektrum deckt nicht die ganze Palette an Möglichkeiten, das möchte ich betonen.

Was passiert nun, wenn so eine Seele plötzlich aus dem Körper herausgerissen wird?

Auf der Seelenebene ist dieser Unfall geplant, das bedeutet: die geistigen Führer, das Hohe Selbst, die seelischen Geschwister und die bereits verstorbenen irdischen Verwandten von diesem Menschen wissen Bescheid. Sie wissen, dass dieser Unfall jetzt jederzeit passieren kann. Es gibt bei uns dafür speziell ausgebildete Seelenführer, die dann an Ort und Stelle sind.

Wobei ich noch einmal betonen möchte, dass Menschen, die in einer Krise sind, dieses auch im letzten Moment noch umplanen können. Das geschieht nachts auf der Traumebene, aber auch durch das Abstreifen der Opfermentalität.

Wenn nun so ein Unfall stattgefunden hat, dann stehen die feinstofflichen Geistführer und Angehörigen schon vorher in den Startlöchern, um rechtzeitig an der Unfallstelle zu sein. Die Seele des Unfallopfers wird manchmal sehr rasch aus dem physischen Körper herauskatapultiert. Wenn jemand schnell den Körper verlässt, kann es vorkommen, dass die betreffende Person einige Augenblicke perplex ist. Aber die Reaktionen sind grundsätzlich unterschiedlich, da kann man kein einheitliches Schema vorgeben. Es ist möglich, dass es zu einem kurzen Verwirrungsmoment kommt. Oder es kommt zuweilen vor, dass jemand versucht, wieder in den Körper hineinzugehen. Aber das sind kurze Momente, die bei einem plötzlichen Unfalltod auftreten können, und die Seelenführer wissen damit umzugehen. Das „Abholkommando" sendet dem Opfer dann soviel Liebe, dass dieser Mensch abgefangen wird, dass er mitgeht, dass er versteht, dass das Leben beendet ist, und nach und nach kommt ihm dann auch die Erinnerung, dass dieser Unfall seine Planung war.

Frage: Ihr habt gesagt, Unfälle seien nicht zufällig. Ich hatte mal vor Jahren einen Unfall, bei dem ich das ziemlich gut nachvollziehen kann, damals war ich gerade in einer Krise. Aber trifft das wirklich auf jeden Unfall zu?

Konfuzius
Seid gesegnet, das ist Konfuzius. Nein, wir werden euch den Unterschied erläutern!

Ihr alle erschafft euch nachts auf der Traumebene künftige Ereignisse, künftige Erfahrungen, je nach der momentanen Situation, in der ihr euch befindet, welche sich dann in eurem realen Leben ereignen. Und dazu gehören auch Unfälle!

Geplante Unfälle sind Unfälle, bei denen es zu Verletzungen oder einem Schaden kommt. Solche Unfälle sind immer geplant!

Es gibt eine zweite Kategorie, und zwar geschehen diese Unfälle aus Ungeschicklichkeit und Unachtsamkeit. Das sind keine geplanten Unfälle!

Wenn ihr einen solchen Unfall, der aus Ungeschicklichkeit hervorgerufen wird, habt, greift euer Schutzmechanismus. Um euch passiert dabei Folgendes:

Eure Aura reagiert in diesem Moment als Schutzpolster. Sie federt einen Sturz ab, lässt ihn euch in „Watte gepackt" und „zeitgedehnt" erleben. Des Weiteren tragt ihr bei solch einem Unfall keine ernsthaften Blessuren davon, ihr übersteht das Ganze unverletzt.

Manchmal stoßt ihr euch auf schmerzhafte Weise, und das geschieht dann, wenn ihr in eurem Denken oder Handeln dabei seid, einen falschen Weg einzuschlagen, wenn ihr nicht bei der Sache seid oder euch selbst oder andere gedanklich „verletzt", aber ihr tragt dabei keinen längerfristigen Schaden davon.

Größere Unfälle ereignen sich nur dann, wenn ihr längere Zeit negativ verhaftet seid und aus diesem Zustand nicht herausfindet.

Also, Unfälle mit körperlichen Gebrechen werden vorher geplant. Ungeschicklichkeiten fängt euer Schutzmechanismus ab. Wenn ihr aufmerksam seid, spürt ihr das sehr deutlich, ihr habt dabei eine andere Zeitwahrnehmung und nehmt sehr klar den Bremsmechanismus eurer Aura wahr.

Krankheiten

Frage: *Was geschieht auf seelischer Ebene, wenn ein Mensch an einer tödlichen Krankheit stirbt? Ist das nicht auch eine Art Selbstmord?*

Konfuzius

Da bei euch das Wort Selbstmord einen „negativen" Klang hat, möchten wir es nicht so bezeichnen!

Es ist allerdings so, dass von der Seele einer todkranken Person der Wunsch vorliegt, diese irdische Realität zu verlassen. Oftmals ist dieser Wunsch entstanden und eng verbunden mit den gegebenen Lebensumständen und inneren Überzeugungen, aus denen sich die Persönlichkeit nicht mehr herausfindet.

Diese Person verzweifelt dann an ihren selbsterschaffenen Umständen, findet meist über lange Zeit keinen Ausweg.

Natürlich sind solche Krisen bei vielen Menschen vorübergehend vorhanden, und nicht jeder entwickelt daraus eine tödliche Krankheit.

Außerdem ist Gesundheit euer normaler Zustand!

In feinstofflichen Ebenen gibt es keine Krankheiten! Das heißt, es bräuchte auch auf der Erde überhaupt keine Krankheiten zu geben, vorausgesetzt, ihr wäret für Gesundheit bereit!

Jeder Mensch macht im Laufe seines Lebens Veränderungen und Krisen durch, wobei sich Symptome von Krankheiten entwickeln können. Was die Seele mit einer Erkrankung zum Ausdruck bringt, ist:

„Ich bin mit den Umständen meines Lebens unzufrieden! Ich sehne mich nach Veränderung! Aber ich traue mir diese Veränderung nicht zu!"

Jeder Mensch hat solche Phasen, in denen sich Krankheitssymptome entwickeln und wo er schließlich ganz von selbst eine Veränderung vollzieht, indem er eine andere Einstellung zu einer belastenden Angelegenheit annimmt, indem er eine neue Entscheidung trifft und dadurch diese Krise meistert. Durch die Veränderung kommt es zu einer Entspannung seiner Lebenssituation, und die Selbstheilungskräfte seines Körpers schaffen auf natürliche Weise Gesundheit.

Ist nun eine solche tödliche Krankheit diagnostiziert, ist es häufig so, dass sich das Opfer entsprechend dem kollektiven Glauben, welcher besagt, dass diese Krankheit tödlich verläuft, verhält.

Es wählt dann häufig den Weg, der von euren Medizinern als standardmäßiger Verlauf dieser Krankheit vorgegeben wird. Das müsste nicht so sein!

Ihr habt schon oft Krisen und innere Krankheiten überstanden, ohne dass ihr davon gewusst habt.

In diesem Moment habt ihr wahrgenommen, mir geht es gerade nicht so gut, aber ihr habt euch aufgerappelt, habt Entscheidungen getroffen und seid auf natürliche Weise gesundet.

Frage: Es gibt Menschen, die sind meistens gesund und andere schlagen sich mit Krankheiten herum. Wie kommt es zu diesem Unterschied?

Konfuzius

Ihr befindet euch in einem Universum der Dualität und das bedeutet: Ihr könnt die Erfahrung der Trennung von eurer ureigenen Vollkommenheit machen!

Wenn ihr nun in einem neuen Erdenkörper geboren werdet, bringt ihr eine Prägung aus vergangenen Inkarnationen mit. Ihr könnt die Erfahrung gemacht haben, dass ihr größtenteils gesund wart, oder ihr könnt die Erfahrung gemacht haben, dass ihr in mehreren früheren Leben an langwierigen Krankheiten gelitten habt und auch daran gestorben seid. Das ist die jeweilige Prägung, die ihr bereits mitbringt, und sie entscheidet darüber, welche Einstellung ihr zu Krankheiten haben werdet und mit wie viel gesunder Stabilität euer Körper ausgestattet sein wird.

Ein weiteres Bild von Krankheiten wird euch von dem jeweiligen Elternhaus, in welches ihr hineingeboren werdet, vermittelt. Krankheiten können eine große Rolle spielen oder eher eine untergeordnete. Ihr spürt als Kinder sehr deutlich, ob eure Eltern Krankheiten als bedrohlich ansehen oder natürlich damit umgehen.

Dann bekommt ihr für gewöhnlich Kinderkrankheiten, und dabei ist von entscheidender Bedeutung, wie sie behandelt werden. Kinderkrankheiten haben die Aufgabe, eure körpereigenen Abwehrkräfte zu mobilisieren, sie zu stärken und gut zu rüsten gegen Bakterien und Viren.

Werden Kinderkrankheiten auf natürliche Weise behandelt, das heißt, gestattet ihr eurem Körper, dass er sich selbständig mit nur geringer Unterstützung gegen sie zur Wehr setzt, dann baut ihr damit ein intaktes Immunsystem auf. Eure körperliche Gesundheit nimmt mit jedem erfolgreichen Sieg zu!

Werden Kinderkrankheiten dagegen mit knallharten Medikamenten im Keim erstickt, lernt euer Körper nicht zu kämpfen und bildet ein geschwächtes Immunsystem aus.

Das sind die Erfahrungswerte, die ihr aus eurer Kindheit ins Erwachsenenalter mitbringt.

Später kommen noch andere Faktoren dazu: Ihr könntet glauben, dass es mit einem bestimmten Alter gesundheitsmäßig bergab geht. Ihr könntet glauben, dass die Dinge, die ihr zu euch nehmt, alle von minderwertiger Qualität sind und eurem Körper schaden. Ihr könntet glauben, dass das Leben wenig Wert hat und ihr ein armes hilfloses Opfer von widrigen Umständen seid. All diese Möglichkeiten und noch andere könntet ihr glauben, aber ihr seid nicht verpflichtet dazu!

Frage: Wir möchten gerne wissen, wie ihr zur Organtransplantation steht?
Es gibt ja viele Menschen, die sich eine neue Niere, ein neues Herz oder dergleichen einsetzen lassen, um mit diesem Organ ihr Leben zu verlängern. Was habt ihr für eine Meinung dazu?

Konfuzius

Wir haben gar keine Meinung dazu, weil wir eure Handlungsweisen nicht beurteilen oder verurteilen!
Aber wir werden euch helfen, Klarheit in diese Angelegenheit zu bringen:
Nehmen wir an, da gibt es eine Person, deren Herz organisch geschädigt ist. In eurer Betrachtungsweise geht ihr meist davon aus, dass Gesundheit und Krankheit zufällige Seinszustände sind. Ihr denkt, eine gesunde Person hat Glück und eine kranke wird zufällig und ungerechterweise von Bakterien gepiesackt, die ihren körperlichen Verfall beschleunigen. Und das ist nicht der Fall!
Es gibt für ein geschwächtes Herz viele Gründe: Ein Kind kann bereits mit einem geschwächten Herzen geboren werden, es kann diese „Erbschaft" aus einer früheren Inkarnation mitbringen oder sie sich bewusst gewählt haben, um in seiner Familie Mitgefühl, Anteilnahme und Liebe zu entfachen. Alles dient einem Zweck!
Das Herz ist ein Organ, welches auf psychischer Ebene mit Öffnen und Schließen zu tun hat, damit, Gefühle zuzulassen und anzunehmen, mit der Liebe zu sich selbst und zu anderen, mit der Fähigkeit, für sich selbst und Schwächere einzustehen

und zu fordern, aber auch mit der Bereitschaft zu einer liebevollen Umgangsweise. Davon stärkt sich euer Herz!

Es ist nicht irgendeine Pumpe, die in eurem Körper eine Funktion erfüllt und wie bei einem Auto ausgetauscht wird, wenn sie alt geworden ist.

Der Mensch ist in seiner Substanz mehr als die Summe seiner Ersatzteile! Eure schulmedizinische Betrachtungsweise ist da sehr oberflächlich, wenn sie glaubt, dass sie einen Menschen durch den Austausch von Organen retten könne.

Wenn ihr allerdings glaubt, dass ein Mensch nur das eine Leben hat und seine Organe eine rein maschinelle Funktion erfüllen und dass mit dem Tod alles zu Ende ist, dann ist Organtransplantation ein wertvoller Entwicklungsschritt!

Aus unserer Sicht hängt noch sehr viel mehr davon ab! Der Mensch ist kein Auto, kein Ersatzteillager! Und es ist auch kein Zufall, wenn ein Organ nicht mehr so funktioniert, wie es eigentlich funktionieren sollte!

Wird ein Organ ausgetauscht und der Patient übernimmt damit nicht auch eine neue Einstellung zu seinem Leben, einen neuen Lebenswillen, so wird mit diesem neuen Organ das Problem nicht gelöst sein.

Bei Organtransplantation kommt noch eine andere Sache hinzu:

Die Spenderorgane stammen zumeist von Menschen, die einen Unfall hatten und klinisch tot sind, oder bei Nieren auch von lebenden Familienangehörigen, die ein Organ zur Verfügung stellen. Organe sind nur dann wieder verwendbar, wenn der Spender noch nicht tot ist!

Nun ist so ein Körper als Einheit zu verstehen! Jedes Organ, was zu dieser Einheit gehört, ist über die Aura und Chakren des Menschen Träger der Überzeugungen, Wertvorstellungen, Glaubenssätze, Vorlieben und Abneigungen der Person.

Wird jetzt so eine Organ entnommen und transplantiert, übertragen sich dabei in einem gewissen Grad auch die emotionalen und mentalen Strukturen des Organspenders.

Eure medizinische Forschung hat das zum Teil schon erkannt, aber kann sich dieses Phänomen nicht erklären.

Wie gesagt: Wir verurteilen Organspende nicht!

Wenn jemand diese Erfahrung machen möchte, so ist das seine persönliche Angelegenheit, und wir achten jede Entscheidung!

Seid gesegnet, das war Konfuzius!

Die Entstehung des Planeten Erde und des Dualen Universums

Frage: Kannst du uns erklären, wie die Erde entstanden ist?

Konfuzius

Segen und willkommen, das ist Konfuzius! Ihr möchtet also wissen, wie es zur Entstehung der Erde kam? Nun, wir werden für die Erklärungen in diesem Kapitel Bilder und Analogien verwenden, die euch vertraut sind:

Ausgangspunkt für unsere Erklärungen ist die androgyne Ebene – jene Realitätsebene, in der androgyne Wesen leben und ihre eigene Schöpfermacht erproben. Sie kennen keinen Alterungsprozess und ihr androgyner Körper unterliegt keinerlei Versorgung. Essen und Schlafen ist ihnen unbekannt. Dafür gestalten sie ihre Umwelt durch vorgestellte Bilder. Jeder Schöpfergott hat dort ein Gelände zur Verfügung, welches er mit seiner Gedankenkraft ausschmücken kann. Dabei entstehen grandiose Landschaften und wundervolle Materialisationen.

Wenn das Gelände voll ist, besuchen sie ihre Nachbarn und betrachten, was diese erschaffen haben. Dabei entstehen neue Ideen. Sie eilen zurück in ihre Parzelle, löschen alles, was bisher erschaffen wurde und beginnen mit einer neuen Idee. Nachdem sie dieser Beschäftigung einige Äonen lang nachgegangen sind, werden ihre Materialisationen so perfekt, dass sie die Landschaften nur noch so aus dem Handgelenk schütteln. Und an diesem Punkt wird es allmählich langweilig. Der Reiz ist weg!

Unsere Schöpfergötter treffen sich und tauschen sich aus, was sie tun könnten, um der Langeweile zu entgehen. Dabei entsteht die Idee, die gelungensten Materialisationen in einer Bibliothek zu verewigen.

Sie setzen sich mit der göttlichen Quelle in Verbindung und stellen einen Antrag für eine neuartige Realitätsebene, in die sie ihre besten Schöpfungen einspeisen und speichern können. Die göttliche Quelle stellt ihnen dafür eine Kugel zur Verfügung, die angefüllt ist mit Planetenbewusstsein und einem Speichermechanismus.

Eine Bibliothek gigantischen Ausmaßes sollte entstehen!

Nun hatten sie endlich wieder ein Projekt, für welches sie mit Leidenschaft brannten. Sofort machten sich alle an die Arbeit und erschufen noch einmal ihre gelungensten Materialisationen, um sie auf der Oberfläche der Kugel zu verewigen.

Das Planetenbewusstsein verarbeitete alle diese vielen eingespeisten Daten, und auf der Oberfläche quirlte und brodelte es. Es war das erste Mal, dass so unterschiedliche Gedankenbilder, klimatische Bedingungen und eine derartige Vielzahl an Flora und Fauna in einen Planeten eingespeist wurden.

Der Planet richtete seine Polachse aus, den Neigungswinkel und entwickelte dadurch Zonen, die Wärme und Kälte produzierten, und begann sich zu drehen.

Daraufhin beschäftigte sich das gesamte androgyne Universum mit der neuartigen Kugel. Es war sensationell! Endlich gab es etwas Neues, Interessantes!

Die künftige Erde konnte keine Drehung, keine Eruption machen, ohne dass diese bestaunt wurde.

Zum ersten Mal war ein Planet auf diese Art und Weise mit Daten bestückt worden.

Gaia – so der damals gewählte Name – stand nicht still sondern drehte sich um die eigene Achse und allmählich begann sich auf dem Planeten eine Kruste, eine Oberfläche zu bilden, und an anderen Stellen entwickelten sich Meere. Was sich dabei herausbildete, waren nicht die Kontinente von dieser Erde, wie ihr sie kennt. Es entwickelte sich vielmehr ein riesiger Gesamtkontinent, der einen großen Teil der Oberfläche Gaias bedeckte. In ihm gab es Gebiete, die wüstenartig waren, flache feuchte Niederungen, große fruchtbare Zonen, kahle Hochgebirge, die schneebedeckt waren, Seen und Flüsse und grandiose Landschaften. Das wars für heute! Seid gesegnet, das war Konfuzius.

Frage: Wann kam die Besiedlung des Planeten Erde?

Kuthumi

Segen und willkommen, das ist Kuthumi. Das nächste, was sich zeigte, war das Pflanzenwachstum. Überall auf der Oberfläche begann es zu sprießen. Die eingespeisten Geländebilder materialisierten sich an Stellen, die klimatisch geeignet waren und fügten sich vollautomatisch zu einer Landschaft zusammen. Der Kontinent war innerhalb von kurzer Zeit mit einem Pflanzenreichtum überzogen, der im Universum seinesgleichen suchte.

Viele androgyne Wesen wurden angezogen und beobachteten begeistert das Geschehen auf Gaia. Durch die Drehung ergab sich etwas Neues, bis dahin Unbekanntes: Es gab Abrieb, so etwas wie Verschleiß, warme und kalte Zonen. Die Natur vollführte ein eigenmächtiges Programm, es blühte, wuchs, Früchte sprießten, wurden reif, fielen auf den Boden, das Laub verfärbte sich, fiel ab und der Prozess begann von vorne.

Die Jahreszeiten und ihr Einfluss auf die Natur waren damals eine Sensation.

Als nächstes bildeten sich in den Meeren die ersten Tiere, die sozusagen aus den Einzellern hervorgingen. Es begann eine Evolution von tierischem Bewusstsein, im Laufe derer die Tiere das Wasser verließen, um das Festland zu erobern. Je nach klimatischen Bedingungen siedelten sie sich an Stellen an, die für ihre Art geeignet waren.

Gaia hatte dadurch, dass sie diese vielen Daten eingespeist bekommen hatte, ein breites Spektrum an klimatischen Erscheinungen, sie vereinte unterschiedlichste Gegebenheiten auf einem Gesamtkontinent.

Nachdem sich die Pflanzen und Tiere angesiedelt hatten, kamen die ersten Menschen, das heißt, mit euch verglichen, waren dies keine Menschen, sondern androgyne Besucher aus der Schöpferebene, die bei der Gestaltung von Gaia mitgewirkt hatten.

Sie landeten in Gegenden dieses Gesamtkontinentes, wo sie sich ihren klimatischen Bedürfnissen entsprechend gut aufhalten konnten.

Die Erde, Gaia, hatte damals noch eine andere Schwingung, als ihr sie heute kennt. Sie war in ihrer Schwingung höher – feinstofflicher. Die Wesen, die damals auf dem neuentstandenen Planeten landeten, hatten dadurch Fähigkeiten, wie ihr sie heute nur auf der Traumebene benutzt. Sie konnten sich z.B. durch Visualisierung und Kraftlenkung Unterkünfte errichten, sie erschufen sich verschiedene Basisstationen, wo sie zusammen arbeiteten und forschten.

Es gab noch eine weitere Neuigkeit, die sie sehr erregte: Die Tiere hatten Geschlechter und pflanzten sich fort, Tierbabys wurden geboren, und sie ernährten sich von den Pflanzen und Früchten. All das war damals neu und im androgynen Universum unbekannt.

Gaia war ein wunderschöner Planet von einer Vielfältigkeit, die atemberaubend war. Und den Forschern, die hier tätig waren, eröffneten sich ungeahnte Möglichkeiten und eine neue Welt. So war das am Anfang. Seid gesegnet!

Frage: *Wie ist das Universum dual geworden?*

Konfuzius
Seid gesegnet, das ist Konfuzius.

Wir hatten euch ja bereits berichtet, wie es zur Besiedlung des Planeten Gaia – Erde gekommen ist.

Nun, damals gab es so etwas wie Dualität, so etwas wie Geschlechter nur bei den Tieren!

Aber genaugenommen war die Erschaffung des Planeten Gaia der erste Zeugungsakt!

Gaia war der erste Planet, der künstlich mit Bewusstsein geschwängert wurde!

Und das war der erste Zeugungsakt im Universum!

Gleichzeitig mit der Erschaffung von Gaia kam eine neue Gesinnung ins Universum:

Unter den androgynen Wesen, die das androgyne Universum schon länger bevölkerten, machte sich so etwas wie Langeweile breit. Ihre Materialisationen wurden langweilig, und sie suchten nach neuen Herausforderungen.

Versteht es so: Sie waren sich allezeit ihres gesamten schöpferischen Potentials bewusst.

Es hatten sich Gruppen zusammengetan, die jeweils eine Realitätsebene mit Hilfe ihrer Fantasie und ihrer Vorstellungskraft ausstatteten. Das funktionierte alles über Gedankenkraft und Materialisation. Sie erschufen auf der Schöpferebene Meere, Flüsse, Seen, Landschaften, unterschiedliche Vegetationen, errichteten fantasievolle Unterkünfte, erdachten sich eine Form des Zusammenlebens, vermehrten sich durch Teilung und besuchten schließlich ihre Nachbarn, um zu sehen, wie diese ihre Umwelt ausgestattet hatten.

Und nun kam der Punkt, wo sie ihre Materialisationsmöglichkeiten zu langweilen begannen.

Es entstand unterschwellig der Wunsch nach neuen spannenden Abenteuern, nach einer neuen Art Erfahrungsebene mit anderen Gegebenheiten.

Mit der Erschaffung des Planeten Gaia begann eine neue Zeit: Die Dualität begann sich ins Universum zu schleichen!

Die ersten Gruppen, die sich auf der künftigen Erde aufhielten, spürten, dass von diesem Planeten etwas Seltsames ausging, es war etwas vorhanden, was sie von der androgynen Ebene nicht kannten. Es war eine Art Rhythmus, eine Art Puls, ein besonderer Herzschlag, den sie deutlich fühlten und der bis dahin unbekannt war.

Die Angehörigen der Gruppen, die sich längere Zeit auf Gaia aufhielten, spürten, dass sich etwas in ihrem Inneren veränderte, was äußerlich noch nicht wahrnehmbar war. Manche verloren vorübergehend die Fähigkeit, sich zu teilen, wie es bei androgynen Wesen möglich war. Andere teilten sich in zwei Wesen, wobei ihre Androgynität plötzlich Veränderungen aufwies. Sie hatten in dem Sinne keine weiblichen und männlichen Geschlechter, aber sie waren auch nicht mehr eindeutig androgyn.

Jedenfalls spielte sich auf Gaia etwas ab, was unerklärlich, geheimnisvoll und mit „Vorsicht" zu genießen war!

Viele wurden damals magisch angezogen, und viele verließen den Planeten schnell wieder. Und sie trugen damit die Veränderung ins Universum. Sie nahmen von Gaia so etwas wie einen Samen mit, den sie dann auf ihrem „Heimatplaneten" ebenfalls zum Keimen brachten. Das war der Beginn der Dualität!

Aber vergesst nicht, es war der Wunsch dahinter, sich zu erfahren in der Trennung von der eigenen Göttlichkeit, in der Trennung vom inneren Wissen und Erfahrungen zu machen, die spannend und abenteuerlich sind. Dieser Wunsch erfüllte sich!

Frage: Ihr habt gesagt, die Dualität habe sich ins Universum geschlichen. Wann war sie stabil? Wie ordnete sich das Duale Universum?

Konfuzius

Seid gesegnet, das ist Konfuzius. Wir hatten euch erklärt, dass im „androgynen Universum" die Erschaffung des Planeten Erde dem ersten Zeugungsakt gleichkam. Des Weiteren, dass die Gäste von Gaia Samen auf die Schöpferebene trugen und damit die Idee verbreiteten.

Das Projekt der Erschaffung des Planeten Gaia blieb nicht das einzige. Gleich nach dem Gelingen wurden weitere Planeten auf die gleiche Weise mit Daten bestückt. Es waren zwölf Stück. Das Gebiet, in dem sich diese künstlich geschwängerten Planeten befanden, erzeugte ein Wellenmuster, welches im androgynen Universum unbekannt war. In diesem Wellenmuster schwang die Idee einer neuen Erfahrungsebene mit neuartigen Gegebenheiten – die kollektive Idee des Dualen Universums. Aber noch war das Wellenmuster nicht stabil genug, um diesem Universum neue Gesetzmäßigkeiten aufzuzwingen.

Nun ist es so: Planeten, die zu einem Sonnensystem gehören, stehen untereinander im Austausch und beeinflussen sich gegenseitig. Nachdem zwölf Planeten erschaffen waren, geschah Folgendes:

Um dieses Gebiet mit dieser unbekannten Schwingung bildete sich eine Hülle. Zum Teil wurde die Bildung der Hülle durch die göttliche Quelle unterstützt, man wollte verhindern, dass sich dieses neuartige Teiluniversum weiter ausbreitete. Alle Planeten, die sich innerhalb der Schutzhülle befanden, veränderten ihren Rhythmus.

Was sich da bildete, war das Duale Universum, aber noch war es von androgynen Wesen bewohnt und besaß eine feine Stofflichkeit. Die androgynen Besucher beobachteten mit Hingabe die Tiere. Die Paarung und die Geburt der Tierbabys faszinierte sie. Die Bäume und Sträucher hingen voller verführerischer Früchte, die offenbar mit Genuss von den Tieren verspeist wurden.

Was jetzt kommt, könnt ihr euch vielleicht denken: Der Biss in den Apfel! Es ist erstaunlich, wie lange sich besondere Ereignisse einprägen. Androgyne Wesen bedürfen keiner Nahrung, aber die Neugier kann verführerisch sein.

Darauf ereignete sich eine Spaltung, ein Riss.

Und alles, was sich innerhalb der Hülle befand, die zwölf künstlich erschaffenen Planeten vereinigten sich zum Dualen Universum. Sie drehten sich nicht nur um sich selbst, sondern begannen auf einer Bahn zu kreisen.

Der Riss hatte gravierende Auswirkungen: sowohl die Planeten als auch die Bewohner wurden dual. Alle androgynen Wesen, die sich zu diesem Zeitpunkt innerhalb der Schutzhülle befanden, teilten sich in drei Wesen. Das war in dem Sinne nichts Ungewöhnliches, weil sich androgyne Wesen durch Teilung vermehren. Nur hatten die dabei entstandenen Körper duale Geschlechtsmerkmale, sie waren männlich und weiblich und ein Anteil blieb androgyn. So entstanden aus androgynen Wesen Menschen, Frauen und Männer und das Hohe Selbst. Die Personen, die mit einem Geschlecht ausgestattet waren, entwickelten Verdauungsorgane. Ihr Inneres brannte und verdichtete sich zu einem physischen Körper, der sich schwer anfühlte. Sie entwickelten neue Bedürfnisse: Essen und Schlafen. Gleichzeitig verloren sie die Fähigkeit, durch Gedankenbilder ihre Umwelt zu gestalten. Der androgyne Anteil – das spätere Hohe Selbst – verlor die Bodenhaftung und schwebte über der Erde. Die Hohen Selbste kehrten zurück auf die ehemals androgynen Ebenen, die sich innerhalb des Dualen Universums befanden und errichteten dort einen Ort des Friedens, den ihr noch heute aufsucht in euren Träumen oder wenn ihr verstorben seid. Das Jenseits und die Traumebene entstanden. Innerhalb der Hülle bildeten sich ein feinstoffliches und ein grobstoffliches Universum.

Frage: Ihr habt gesagt: Es bildete sich ein feinstoffliches und ein grobstoffliches Universum. Was ist da der Unterschied?

Konfuzius

Das grobstoffliche Universum ist das, was ihr im Moment mit eurem physischen Körper bewohnt, und es hat unterschiedliche Schwingungen.

Meister Kuthumi hatte euch das Bild geschickt von der Zeitbahn der Erde (die Perlenkette) und euch erklärt, dass die einzelnen Zeitebenen dieses dreidimensionalen Spielplanes durch Schwingungsfrequenzen voneinander getrennt sind. So wie euer Körper neue Energie aufnimmt und alte abgibt, könnt ihr euch dieses Universum auch als einen Organismus vorstellen. Stellt euch vor, es gäbe auf dieser Zeitbahn eine Eintrittsstelle für neues hochschwingendes Planetenbewusstsein, welches sich langsam „abkühlt" und verdichtet und gleichzeitig in der Kreisbahn vorwärtsrückt.

Auf dieser Zeitbahn gibt es nun einen Punkt, wo die höchste Dichte erreicht ist, und danach lichten sich die Materie und das Bewusstsein wieder. Hat nun diese Materie die höchste Schwingung erreicht, geht sie über in den feinstofflichen Bereich.

Das feinstoffliche Universum ist euer Paralleluniversum – ein Aufstiegsuniversum.

Alle Partikel und Bewusstseinsanteile, dazu gehört auch das Planetenbewusstsein, die das grobstoffliche Universum verlassen, gehen über ins feinstoffliche Universum und stehen im Austausch mit der göttlichen Quelle.

Die Traumebene ist der Bereich, in dem ihr euch zwischen den Inkarnationen oder auch nachts im Traum aufhaltet. Die Lichtebenen sind außerordentlich komplex:

Jeder bewohnte Planet dieses Dualen Universums verfügt über Traumebenen, darin enthalten sind die „Spielpläne" – die jewei-

ligen Akasha-Chroniken (Hologrammkinos) und vielschichtige jenseitige Erfahrungsebenen.
Seid gesegnet, das war Konfuzius.

Liebesbeziehungen im Jenseits

Frage: *Wie ist es eigentlich im Jenseits mit Eifersucht, Hass, Neid, Untreue und Ehedramen? Gibt es so etwas dort auch?*

Antar

Eine sehr irdische Frage! In den lichten Höhen ist so etwas nicht üblich!

Solche Dinge wie Eifersucht, Neid und ähnliche Emotionen sind vor allem auf der Erde erlebbar.

Es gibt zwar einige Verstorbene, die diese Gefühle ansatzweise mitnehmen, aber das ist eine sehr niedrige Ebene.

Wenn ihr auf der Verstorbenenebene verweilt, seid ihr euch eurer vergangenen Inkarnationen bewusst. Ihr kennt also nicht nur euer letztes Leben, sondern seid euch auch aller „verflossenen" Ehemänner, Ehefrauen, Freundinnen oder Geliebten bewusst. Darüber hinaus erinnert ihr euch auch eurer Freunde, ehemaligen Verwandten und seid euch aller Partner bewusst, mit denen ihr jemals sexuelle Beziehungen hattet oder in die ihr verliebt wart.

Eifersucht wäre also absolut unpassend!

Jeder, der in unserer Ebene weilt, hatte viele „Ehefrauen" und „Ehemänner", je nachdem, ob ihr gerade männlich oder weiblich inkarniert wart. All jene treffen sich dort wieder, und es ist nicht üblich, dass man sich dann gegenseitig aus Eifersucht den Schädel einschlägt.

Neid ist auch nicht möglich, weil ihr euch alle Dinge, die ihr gern haben möchtet, mit Hilfe eurer Gedankenkraft erschaffen könnt. Ihr erschafft euch z. B. einen Wohnort und stattet diesen mit den Gegenständen aus, die ihr gern um euch hättet. Ihr könnt sie natürlich auch je nach Lust und Laune verändern. Euer Hohes Selbst hilft euch bei der Stabilisierung eurer gelungensten Materialisationen.

Euer Märchen vom Schlaraffenland erzählt von den Materialisationsmöglichkeiten unserer Ebene.

Das bedeutet nicht, dass wir vollgefressen unter Bäumen liegen, auf denen gebratene Hühnchen hängen – es sei denn, wir würden uns das wünschen!

Genauso gibt es die Möglichkeit, das eigene Aussehen zu verändern:

All eure vergangenen Inkarnationen sind in euch abrufbereit gespeichert. Sie hervorzukramen, ist nicht aufwändiger, als wenn ihr euch vorm Kleiderschrank umzieht. Auch könnt ihr euer Alter frei wählen. Es ist also nicht so, dass jemand, der 80 Jahre alt geworden ist, dann immer als Achtzigjähriger herumläuft. Die meisten wählen sich ein Alter, wo sie reif und kraftvoll waren, sozusagen in ihren besten Jahren.

Es kann auch vorkommen, dass wir, wenn wir einen Unterrichtskurs besuchen, das Aussehen eines Schülers oder einer Schülerin annehmen.

Wenn wir uns mit einem Freund aus einer vergangenen Inkarnation treffen, kann es sein, dass wir uns in die Person von damals verwandeln und das Alter annehmen, in dem wir befreundet waren. Gleichzeitig erschaffen wir um uns herum eine Umgebung, welche einem Platz gleicht, wo wir uns früher gern getroffen haben. Und dort unterhalten wir uns dann.

Frage: Du hast gesagt, dass Eifersucht unpassend ist. Aber wie geht ihr dann mit dem Wissen um verschiedene Partner um? Gibt es so etwas wie Beziehungen bei euch überhaupt?

Antar

Wie schon gesagt, ihr seid euch eurer vergangenen Inkarnationen und auch der daraus entstandenen Partnerschaften bewusst.
Am besten erkläre ich euch das anhand eines Beispieles:
Angenommen, ihr hattet 100 vergangene Inkarnationen, in 80 davon hattet ihr Partnerschaften.
In manchen Leben hattet ihr mehrere Partner, in anderen gab es nur eine Person. Unter dem Strich kommt heraus: 100 männliche und 100 weibliche Partner.
Das ist jetzt ein fiktives Beispiel! In Wirklichkeit verhält es sich so, dass eine Partnerzahl deutlich dominieren wird, weil eure Seele ein Geschlecht bevorzugt. Das Verhältnis zwischen männlichen und weiblichen Inkarnationen ist also nicht 50:50, sondern eher 20:80.
Bleiben wir beim fiktiven Beispiel:
Von diesen 200 Liebschaften sind ungefähr 20% wirklich gute Beziehungen gewesen.
Bleiben also am Ende ca. 40 Personen übrig, mit denen ihr in euren vergangenen Leben eine sehr liebevolle Beziehung hattet.
Wenn ihr nun auf die Verstorbenen-Ebene kommt, werden von diesen 40 ehemaligen Partnern und Partnerinnen einige inkarniert sein, mit denen ihr dann weniger Kontakt habt. Aber es sind ungefähr 20 da.
Nun ist es so: In den meisten Fällen wählt ihr euch dann einen Wohnort, einen Platz, wo ihr für euch lebt, aber gleichzeitig auch mit eurer geistigen Familie und anderen zusammen. Ihr habt Kontakte zu diesen 20 Personen und natürlich darüber hinaus noch zu anderen Bekannten. Ihr besucht euch gegenseitig, und wenn ihr mit einem früheren Partner zusammen seid, nehmt ihr möglicherweise das Aussehen und das Geschlecht von der damaligen Inkarnation an.
Ihr unternehmt zusammen Vergnügungen und trefft euch auch

mit anderen. Und es ist auch möglich, dass sich hier so etwas wie eine Liebesbeziehung fortsetzt, es muss nicht sein, aber die Chancen dafür sind sehr, sehr groß.

Außerdem sollte euch klar sein, dass natürlich auch eure „verflossenen" Ehefrauen und Ehemänner und sonstigen Partner ihre vergangenen Inkarnationen und Beziehungen hatten. Sie sind also auch nicht nur an euch gebunden. Ihr werdet euch gelegentlich treffen, und ihr werdet euch auf die Weise austauschen, die ihr für richtig haltet.

Es ist nicht so, dass es da irgendwelche alleinigen Ansprüche gibt!

Es wird niemand sagen: Unsere Beziehung war die allerbeste! Verabschiede dich von allen anderen Frauen und Männern deiner Vergangenheit, und ich möchte, dass du nur noch mit mir zusammen lebst! Jedenfalls in den höheren Ebenen gibt es solche Spielchen und Eifersüchteleien nicht!

Solche egoistischen Denkweisen gibt es vor allem auf der Erde! Aber da ihr mit der Gründung von Familien und deren Versorgung beschäftigt seid, ist es auch verständlich. Bei uns gehört an erster Stelle jeder sich selbst und pflegt darüber hinaus Kontakte zu anderen. Wie weit diese Kontakte gehen, entscheidet jeder für sich.

Frage: Ich hatte immer gedacht, dass man mit einem Partner auch mehrere Leben haben könnte? Kommt so etwas nicht vor?

Antar

Doch, natürlich! Es ist durchaus möglich, dass ihr mit demselben Partner fünf oder zehn vergangene Inkarnationen hattet. Aber es muss nicht immer eine sexuelle Beziehung sein, ihr könntet auch in einigen Leben Freunde, Geschwister, Eltern oder andere Verwandte sein. Das kommt oft vor, sonst wäre die Zahl eurer Partner noch wesentlich höher!

Aber für die Beziehungsprobleme, die in eurer Zeit doch sehr stark auf der Erde existieren, wäre es von Vorteil, wenn ihr euch einmal in eurer Vorstellung hierher versetzen würdet. Stellt euch die Frage: Wie wäre mein Beziehungsbild auf der Verstorbenen-Ebene und wie ist es jetzt auf der Erde? Wie wäre es, wenn es 20 Personen gäbe, die ich aus tiefstem Herzen liebe?

Ihr habt in Liebesangelegenheiten oft sehr einschränkende Vorstellungen. Der Glaube, wenn man eine Person liebt, sollte einem der Rest der Welt gefälligst egal sein, funktioniert leider nicht!

Bemerkung: Ja, dass mit den 20 Personen wäre schon ganz anders! Bei uns ist es ja so, dass sehr viel Wert auf Treue gelegt wird, aber das funktioniert manchmal eben nicht.

Antar

Ja! Eure Kirchen haben sehr viel Wert gelegt auf Treue, auf Keuschheit und auf alles, was mit Reglementierung von Beziehungen zu tun hat! In Wirklichkeit ist das höchste Gut die Liebe, die Treue ist vollkommen zweitrangig!

Antar

Mir ist neulich, als wir im künftigen Buch gelesen haben, erst klargeworden, wie sehr ihr über das schockiert wart, was ich euch über Liebe und Treue auf der jenseitigen Ebene gesagt habe. Es ist bei euch auf ziemliches Unverständnis und sogar Ablehnung gestoßen. Und darum möchte ich noch einmal darauf zurückkommen.

Ich werde euch jetzt von der Liebe in höheren jenseitigen Ebenen berichten:

Diese Liebe hat eine andere Basis als die Liebesbeziehungen sie auf der Erde für gewöhnlich haben! Es geht dabei um eine höhere ethische Qualität, ein herzliches Zusammengehörigkeitsgefühl, welches aufgrund des langen Kennens über Jahrhunderte hinweg vorhanden ist.

Stellt euch vor: Ihr habt vor Urzeiten gemeinsam mit einer Gruppe Freunde, die damals alle Anfänger waren, euren Inkarnationszyklus begonnen. Was euch damals zusammengeschweißt hat, war die Angst vor der Materie. Nun habt ihr über viele Inkarnationen hinweg Freude, Lachen, Tränen und Leid geteilt. Ihr habt alle eure kleinen Siege miteinander gefeiert und ihr habt euch getröstet bei Niederlagen. Was dabei entsteht, ist ein Zusammengehörigkeitsgefühl und eine Herzensqualität, die auf der Erde in dieser Stärke nicht erlebbar ist.

Allerdings gibt es einen Vergleich, der ansatzweise das vermittelt, was ich euch zu erklären versuche:

Ihr empfindet auf der Erde eine ähnliche Liebesqualität, wenn ihr Vater oder Mutter werdet und das erste Mal euren frischgeborenen Sprössling in den Armen haltet. Viele von euch werden dann überrollt von so einem heftigen Liebesgefühl für dieses süße hilflose kleine Wesen, dass ihr aus tiefstem Herzen wünscht, ihr hättet die Macht, alles Schlechte von eurem Liebling fernzuhalten.

Das ist eine Art Höhenrausch, verbunden mit tiefster Dankbarkeit – eine höhere Art Liebe. Die es erlebt haben, wissen, wovon ich spreche! Und genau dieses Empfinden existiert in hohen geistigen Ebenen auch in der Partnerschaft, es ist angefüllt mit Respekt, tiefem gegenseitigen Verstehen und den besten Wünschen füreinander.

Diese Herzensqualität fließt in die Partnerschaft mit ein!

Wenn ich jetzt sage, die Treue ist unwichtig, dann ist das nicht so, dass man sich gegenseitig verletzt. Es ist eine Basis da, eine

Gefühlsqualität, die sich schwer mit Worten beschreiben lässt. Wenn ich jetzt von kollektiver Liebesqualität spreche, dann könnte euch das animieren zu glauben, es sei oberflächlich. Aber das ist es nicht!

Wir wechseln nicht leichtfertig die Partner, aber dieses Liebesgefühl haben wir zu mehr als einer Person. Es gibt da eine ganze Gruppe Menschen, denen wir aufrichtig, ehrlich und in Liebe zugetan sind!

Wenn wir dann eine Beziehung eingehen, dann wählen wir eine Person von denen, die uns am Herzen liegen, aber das schließt nicht aus, dass wir auch die anderen treffen, aber wir tun es so, dass wir einander nicht verletzen.

Von dieser Gruppe von Freunden, die uns sehr am Herzen liegen, gibt es immer welche, die wieder geboren werden. Solche Ereignisse sind für uns sehr heftig, es kommt dann zu aufwühlenden Abschiedsfesten, zu einer tagelang andauernden Verabschiedungszeremonie, wobei jeder demjenigen, der geboren wird, von ganzem Herzen wünscht, er möge seinen Abschluss und seine Sache gut machen! Diese Wünsche sind absolut ehrlich und aufrichtig gemeint!

Bevor wir in ein neues Leben starten, sind wir sehr emotional. Wir erinnern uns an das Unberechenbare, was dem physischen Leben anhaftet. Auch wenn alle Entwicklung stetig voranschreitet, so gibt es doch Elemente, die sich nicht berechnen lassen. Wir wissen nicht mit Sicherheit, wie wir reagieren werden, wenn wir mit Angst und Verzweiflung konfrontiert werden. Scheitern wir an den Herausforderungen? Werden wir gewalttätig und erschaffen uns neues Karma? Wird uns die Verzweiflung in die Sucht treiben und abstumpfen? Oder schaffen wir es, unseren Weg mit Liebe, Herzlichkeit und Bewusstheit zu durchlaufen?

Unsere Abschiedsfeste haben Ähnlichkeit mit der Trauer um eure Toten. Und das Letzte, was ich tun würde, wäre meine

Partnerin davon abzuhalten, sich von jemandem zu verabschieden, der ihr am Herzen liegt! Und wenn sie dafür drei Tage braucht!

In solchen Momenten wird Sexualität nebensächlich, weil das Zusammengehörigkeitsgefühl und die tiefe Liebe und Achtung, die wir füreinander empfinden, alles übertreffen.

Ich hoffe, dass ich euch diesmal ein besseres Bild von der Qualität unserer Gefühle vermitteln konnte!

Bemerkung: *Ja, das war sehr gut!*

Schicksal oder das Unberechenbare

Konfuzius

Wenn ihr im jenseitigen Bereich aus dem Hologrammkino kommt und eure nächste Inkarnation gewählt habt, legt ihr Wert darauf, die technischen Errungenschaften, der von euch gewählten Zeit, zu verstehen. Ihr trefft euch in Vorbereitungskursen speziell für eure Zeitebene und darüber hinaus mit den Seelen, die im nächsten irdischen Leben an eurer Seite wandeln werden.

Das heißdiskutierteste Thema bei reifen Seelen ist das Erwachen. Sie fragen sich, wie können wir es anstellen, dass wir im physischen Körper begreifen, dass wir eine Seele besitzen?

Welches Ereignis könnte dazu dienen, unser Weltbild zu erschüttern und das Ganze als Spiel zu entlarven? „Wie entdecke ich im nächsten Leben meine Seele?" Das ist die Frage, die sie umtreibt!

An dieser Stelle plant ihr das vor, was ihr auf irdischer Ebene als Schicksal bezeichnet.

Machen wir einen Zeitsprung und tauchen zum besseren Verständnis ein in das irdische Geschehen:

Angenommen, da gibt es eine Familie: Mutter, Vater und drei Kinder. Der älteste Sohn ist acht Jahre, das Mädchen sechs und eben zur Schule gekommen. Das jüngste Kind ist ein Jahr alt und hat gerade eine Kinderkrankheit. Die Mutter ist Hausfrau und versorgt die Kinder. Der Vater arbeitet als Handwerker, er besucht nach Feierabend die Meisterschule und hat das Ziel sich selbständig zu machen. Alles in allem eine glückliche, zufriedene Familie!

Und dann geschieht das Unfassbare: Das sechsjährige Mädchen hat auf dem Nachhauseweg einen Unfall. Ein Auto erfasst sie, der kleine Körper wird unsanft in die Luft geschleudert und landet hart auf der Fahrbahn. Der ältere Bruder steht 20 Meter entfernt und schaut gerade im Handy seines Freundes ein neues Computerspiel an. Die Mutter hat sich mit dem Jüngsten beim Kinderarzt verspätet. Der Vater ist auf seiner Arbeitsstelle. Der Fahrer des Unfallautos ist ein junger Student, der vor zwei Monaten seinen Führerschein erworben hat – es ist erst seine dritte selbständige Fahrt mit dem Familienauto.

Für alle diese Menschen ändert sich auf dramatische Weise das Leben, als das Unfallopfer stirbt und die Seele des Kindes zurückkehrt in den jenseitigen Bereich.

Könnt ihr euch vorstellen, dass dieses Schicksal von allen beteiligten Seelen geplant wurde, um einem höheren Ziel zu dienen? Schuldgefühle, Trauer, Wut und Hass stürmen auf alle Beteiligten ein. Wird die Familie diese Zerreißprobe überstehen oder sich mit gegenseitigen Schuldzuweisungen zerstören? Das Unberechenbare ist eure eigene Reaktion!

Der Bruder wird sich fragen: Warum habe ich in das dämliche Computerspiel geschaut und nicht auf meine Schwester geachtet? Die Mutter malträtiert sich mit der Frage: Warum habe ich so lange beim Kinderarzt gewartet und bin nicht früher dort gewesen? Der Vater fragt sich: Warum habe ich mir nicht frei genommen und bin bei meiner Familie gewesen? Der Student fragt sich: Wieso hatte ich es so eilig und bin so schnell gefahren?

In dieser Situation hilft der ehrliche Umgang mit euren Gefühlen und Gedanken. Gestattet es euch zu trauern, zu weinen und offen eure Gedanken zu teilen. Schweigen zementiert die Gefühle und stillen Vorwürfe in eurem Inneren und führt häufig zu selbstzerstörerischen Handlungen.

Jeder Schicksalsschlag birgt die Möglichkeit, die Seele zu entdecken und Erfahrungen zu machen, die euch einen neuen Blickwinkel auf das Leben gestatten. In jedem Drama steckt ein wertvolles Geschenk! Ihr nehmt es in Empfang, indem ihr euer Herz öffnet und ehrlich über eure Gefühle und Gedanken sprecht. Auf diese Weise lassen sich Dramen verarbeiten.

Frage:
Ja, das ist ein hartes Schicksal und ich kann gut verstehen, dass Menschen dadurch aus der Bahn geworfen werden. Ich glaube, man fragt sich dann stets, was hätte ich tun können, damit es verhindert worden wäre?

Konfuzius
Ja, das ist aus irdischer Sichtweise eine sehr verständliche Frage. Manchmal könnt ihr etwas verhindern und abwenden, aber in den meisten Fällen gewinnt ihr dadurch lediglich Zeit. Wenn der Lebensplan eines Menschen vollendet ist, wird er gehen.

Einwurf:
Aber das Mädchen war erst sechs Jahre alt und stand am Anfang ihres Lebens. Wie kann der Lebensplan da vollendet sein?

Konfuzius
Möglicherweise hatte das Mädchen eine alte Seele und sein Inkarnationszyklus war bereits beendet, und es hat diese sechs Jahre ihrer Anwesenheit ihren Freunden geschenkt, damit diese durch ein dramatisches Erlebnis wachgerüttelt werden und ihre eigene Seele entdecken. Diese Möglichkeit blendet ihr auf irdischer Ebene häufig aus!
Der Schmerz über das Geschehen ist oft so ungeheuerlich, dass ihr danach aufhört zu leben. Ihr versinkt in Trübsal und mar-

tert euch mit dem Gedanken, dass ihr Schuld seid und es verhindern hättet können. Und das ist nicht der Fall!

Ihr werdet diese geliebte Seele wiedertreffen – in euren Träumen, in der Meditation oder spätestens, wenn ihr selbst in eure geistige Heimat zurückkehrt. Keine Seele, die ins Jenseits zurückkehrt, hat sich jemals darüber beklagt. Im Gegenteil, sie sind voller Freude und Dankbarkeit. Aber es gibt Seelen, die nur auf die irdische Ebene kommen, um anderen einen „Bärendienst" zu erweisen und danach gehen sie wieder.

Wenn ein Schicksalsschlag vorgesehen ist, dann verabschiedet sich die Seele in den letzten Wochen, bevor sie geht. Sie könnte kurz vor dem Unfall ihre Spielsachen an Geschwister verschenkt haben. Erwachsene Menschen beginnen ihre Angelegenheiten und den Nachlass zu regeln. Häufig tun sie das aus einem inneren Impuls heraus, ohne dass sie wissen, warum sie es tun. Auch Angehörige schenken diesen Aktivitäten kaum Beachtung, ihnen kommt es erst im Nachhinein zu Bewusstsein. Seid gesegnet und in der Liebe! Das war Konfuzius.

Lebensplanung auf der Traumebene

Frage: *Was unternehmen wir nachts auf der Traumebene?*

Antar

Wir holen euch ab, wenn ihr eingeschlafen seid, und nehmen euren feinstofflichen Körper mit auf die Traumebene. Das sind feinstoffliche Gefilde, in denen ihr auch zwischen den Inkarnationen zu Hause seid – die Lichtwelten. Dort existiert so etwas wie ein Plan, ein persönlicher Entwicklungsplan. Damit ist meist schon festgelegt, was in dieser Nacht ansteht. Soweit ihr nicht andere Wünsche habt, folgen wir dem Plan.

Ihr besucht sehr viele Seminare und habt auch Verabredungen mit Menschen, die ebenfalls inkarniert sind. Es kann starke Verbindungen geben zu bestimmten Menschengruppen, die sich in derselben Entwicklungsphase befinden wie ihr. Einige davon kennt ihr möglicherweise aus eurem irdischen Leben, andere nur von der Traumebene.

Des Weiteren plant ihr euer eigenes Leben vor. Das, was ihr in den nächsten Tagen realisieren möchtet, was an Aktionen ansteht, das plant ihr bei uns auf der Traumebene vor.

Ihr organisiert, was in der irdischen Realität auf euch zukommt. Das ist eng verbunden mit anderen, und ihr entscheidet auch, wer euch in welcher Situation beisteht, hilft und unterstützt.

Bei Menschen, für die die Kymische Hochzeit ansteht, gibt es z. B. Vorbereitungskurse dafür, und sie besuchen sie zusammen mit ihrem Geschwisterteil.

Alle diese Erledigungen sind eurem Wachbewusstsein nicht bekannt. Auf der Seelenebene arbeitet ihr daran, was ihr als nächstes in eurer Entwicklung lernen wollt. Diese gesamte Planung geschieht unter Mitwirkung und Absprache mit eurem Hohen Selbst. Teilweise werdet ihr auch von den Aufgestiegenen Meistern und Erzengeln unterrichtet. Es ist alles sehr vielfältig.

Was ihr auf der Traumebene treibt, ist ausgesprochen umfangreich. Ihr seid dort von eurem Bewusstsein her sehr leistungsfähig und könnt in rasantem Tempo Wissen aufnehmen und gemeinsam Pläne schmieden. Das war Antar.

Frage: Ihr habt beschrieben, dass wir unser irdisches Leben auf der Traumebene vorplanen. Wie läuft das ab? Angenommen, ich hätte ein Angebot und suche dafür Kunden. Wie kommen die beiden auf irdischer Ebene zusammen?

Kuthumi

Seid gesegnet, seid in der Liebe, das ist Kuthumi.

Alle Ideen werden geboren im Geiste! Ein Mensch, der sein Leben bewusst gestaltet, hat Visionen und Vorstellungen, was er als nächstes umsetzen möchte. Ihr alle seid angeschlossen ans kollektive Bewusstsein, und darin gibt es eine Sparte, in der Angebote und Nachfragen registriert sind. Das ist nicht die alleinige Aufgabe des kollektiven Bewusstseins, es handelt sich dabei vielmehr um eine sehr komplexe Angelegenheit.

Gut. Lasst es uns so ausdrücken: Es ist eine Stofflichkeit, in die Gedanken übertragen werden und in der Informationen abrufbar sind. Das Ganze funktioniert telepathisch und über die Traumebene.

Ihr sendet ständig Gedanken über euren Geist aus und empfangt auch welche. Nur tut ihr das weitgehend unbewusst, jedenfalls die meisten Menschen. Aber wie gesagt, ihr tut es ständig. Es ist nicht möglich, nicht „zu bestellen"!

Nachts, wenn ihr träumt, begebt ihr euch in dieses „globale

Aquarium" und sendet eure Wünsche und Angebote aus. Nehmen wir dafür ein simples Beispiel:

Angenommen, ihr habt einen Artikel geschrieben, den ihr gern gedruckt in einer Zeitung sehen würdet. Der Artikel ist also euer Angebot. Nun nehmt ihr auf der Traumebene, aufgrund dessen, dass sich euer Wachbewusstsein eine Veröffentlichung wünscht, Kontakt auf mit den Redaktionen von Zeitschriften. Da gibt es also Redakteure, die nachts auf der Traumebene auf der Suche sind, nach wirklich guten Artikeln. Der Erste, den ihr trefft und euren Artikel anbietet, überfliegt eure gedanklichen Ergüsse kurz und meint: „Nein, das passt vom Thema nicht! Gehe mal zu…," und er verweist euch an einen Kollegen. Der Kollege findet ihn ganz brauchbar, möchte aber gern, dass ihr ihn umschreibt. Damit seid ihr nicht einverstanden, weil ihr der Meinung seid, dass nichts eurem Artikel das Wasser reichen kann! Ihr sucht also weitere Redakteure auf. Einer würde ihn drucken, sagt aber gleich, dass er euch nichts zahlen kann. Es finden also eine ganze Reihe Gespräche statt, bis ihr jemanden trefft, mit dem ihr zu einer Übereinkunft kommt. Das alles geschieht nachts in euren Träumen! Es ist die Vorplanung einer irdischen Aktion.

Wie kommt das Ganze nun auf die irdische Ebene? Bei der Übereinkunft habt ihr einen Hinweis auf den Namen einer Zeitschrift erhalten. Sehr bewusste Menschen können sich direkt daran erinnern. Aber bei der breiten Masse läuft es eher so: Am nächsten Tag denkt ihr euch: Ach, ich habe doch diese Zeitung abonniert. Denen könnte ich mal meinen Artikel anbieten! Ihr schickt ihn hin und eine Woche später kommt eine Standardantwort zurück, dass er vom Thema her nicht passt, aber man würde euch das „Dingsda-Magazin" empfehlen. Ihr wendet euch also ans „Dingsda-Magazin". Die sagen: Naja, zur Not… der Anfang ist ganz brauchbar, aber du musst ihn neu schreiben. Das Mittelstück gehört überarbeitet und der Schluss braucht einen anderen Ausgang. Wenn du ihn überarbeitest, legen wir ihn als Füllstoff auf Reserve und wenn wir dann mal wirklich knapp an guten Artikeln sind, schauen wir in den Reservehefter.

Welche Auswirkung das auf euch hat, möchten wir jetzt nicht vereinheitlichen, aber Emotionen ruft es jedenfalls hervor! Möglicherweise zieht ihr euch erst einmal zurück und eine Person mit einem schlechten Selbstwertgefühl gibt vielleicht hier schon auf.

In der Zwischenzeit versucht euer Hohes Selbst euch auf eine Zeitschrift aufmerksam zu machen. Das fragliche Heft, bei dem der Redakteur arbeitet, mit dem ihr auf der Traumebene zu einer Übereinkunft gekommen seid, liegt in der Kantine auf dem Tisch. Ihr blättert in der Frühstückspause darin herum und stellt vielleicht erstaunt fest, dass diese Zeitschrift solche Artikel veröffentlicht, wie ihr selbst einen daheim in der Schublade habt. Euer Ego wägt das Für und Wider ab und vergisst die Zeitung.

Einige Tage später, im Warteraum des Zahnarztes, entdeckt ihr ein Journal, welches euch sehr passend erscheint. Ihr reißt euch die Redaktionsseite heraus und bietet denen euren Artikel an. In der Zwischenzeit kauft eure Frau die Zeitung, welche in der Kantine auslag. Sie liegt jetzt auf eurem privaten Frühstückstisch. Das Journal schreibt zurück, dass es sehr angetan von eurem Schreibtalent ist und dieser Artikel unbedingt veröffentlicht gehört, aber die Druckkosten seien sehr hoch und deswegen würden sie euch ein günstiges Angebot machen: Wenn ihr euch mit 200,- € an den Druckkosten beteiligt, wird euer Artikel gedruckt.

Nach dieser Antwort seid ihr so verärgert, dass ihr aufgebt. Eure Frau, die den Artikel auch sehr gut findet, schickt ihn heimlich an die Zeitschrift auf dem Küchentisch. Jetzt ist er dort gelandet, wo er hinfinden sollte!

Wir ersparen euch jetzt die Geschichte, wie der Redakteur auf den Artikel aufmerksam wird. Jedenfalls bekommt ihr diesmal ein faires Angebot.

Auf diese Art und Weise planen die meisten von euch ihr Leben auf der Traumebene vor! Es gibt für jedes gute Angebot auch einen Interessenten. Die Schwierigkeit besteht darin beide zusammen zu bringen und zu einer Übereinkunft zu bewegen. Auf dem Planeten Erde benötigt ihr darüber hinaus Durchhaltevermögen – das hat mit eurem Finanzsystem zu tun.

Deshalb legen wir euch ans Herz: Seid zuversichtlich! Nährt eure Hoffnung! Glaubt an eure Unternehmungen! Lernt die Hinweise, die euch das Leben schickt, zu deuten! Folgt eurem Herzen! Seid gesegnet!

Frage: Ich möchte jetzt einfach mal von mir behaupten, dass ich durchaus zuversichtlich bin. Aber ich habe immer mehr das Gefühl, dass da bei der Lieferung „Sand im Getriebe" ist.

Kuthumi

Damit liegst du keineswegs falsch! Aber kommen wir zuerst auf einen Punkt, auf den jeder persönlich Einfluss hat: Euer Denken! Geht in die Selbstbeobachtung und nehmt wahr, was ihr erwartet. Gibt es Überlegungen, die an eurem Wunsch „herumsägen"? Fühlt ihr euch würdig für den Empfang? Ist euer Wunsch, euer Ziel kraftvoll und von Begeisterung durchdrungen? Was fühlt ihr? Jubiliert euer Herz? Könntet ihr springen vor Glück? Oder fühlt es sich eher lau an?

Lauen Zielen fehlt die Herzenergie und damit der Treibstoff zur Umsetzung!

Ein weiterer Punkt: Eure erbrachten Leistungen werden auf der Erde mit Geld honoriert. Geld ist also ein Tauschmittel für Leistungen, was jeder benötigt um am Leben teilzuhaben. Und damit kommen wir nun zum Sand im Getriebe:

Der Planet Erde spielt die Gier und den Mangel als Hauptprogramm durch. Vielleicht erinnert ihr euch, wir hatten euch an anderer Stelle berichtet, dass jeder Planet im Dualen Universum einem bestimmten Spielplan folgt: Die Plejaden der Kontrolle und Mardock dem Aussterben. Die Erde spielt die „Gier" durch und als Resultat davon den Mangel. Basis dafür ist die fehlerhafte Annahme: Geld wäre ein Naturstoff, der wächst und sich vermehrt! Und das ist schlicht und ergreifend falsch! Euer Geld ist nichts anderes als ein künstliches Tauschmittel für Leistungen – es wächst nicht auf Bäumen! Euer Zinsgewinn ist der Verlust eines anderen!

Es gibt keinen anderen Planeten im Universum, der ein derart perverses Finanzsystem besitzt – darin seid ihr einmalig! Der Mangel an fließendem Geld ist heute weltweit das Hauptproblem für die Lage, die derzeit auf der Erde herrscht. Es wird Zeit, dass ihr es bis in das Grundgefüge reformiert!

Frage: *Wie kann ich die Magie meiner Empfänglichkeit verbessern?*

Konfuzius

Seid gesegnet, seid in der Liebe, das ist Konfuzius. Ihr alle verfügt über einen Emotionalkörper, der fähig ist, Gefühle zu erzeugen. Die Gefühle der Zuversicht, Dankbarkeit, Freude und Hoffnung sind der Treibstoff, der eure Wünsche ins Rollen bringt! Damit wird eure Aura magisch!

Ohne Herzensenergie kein Zündstoff, keine Wirkung!

Wie könnt ihr nun die Energie in eurem Herzen zum Fließen bringen?

Sie fließt dann, wenn ihr euch eurer eigenen Gefühle zu euch selbst, zu anderen, zu eurer Vergangenheit, zu eurer Seele bewusst seid und alle Erfahrungen in Liebe annehmt.

Entfacht das Feuer der Liebe in eurem Herzen! Erinnert euch an Momente der Liebe in eurem Leben und erlebt diese wieder!

Achtet auf die Bedürfnisse eures physischen Körpers in Form von Essen, Ruhen, Wachen, Bewegung. Achtet auf die Bedürfnisse eures Emotionalkörpers in Form von Wahrnehmung der eigenen Gefühle, in Form von Zärtlichkeit und Mitgefühl für andere. Nehmt euch Zeit für eure Gefühle und ruft die liebevollen wach!

Achtet auf die Bedürfnisse eures Mentalkörpers, er hungert nach Information, nach Austausch mit anderen. Nach Wissensmaterial, das ihn wirklich befriedigt, und das wird mehr sein als Zerstreuung und oberflächliche Gespräche!

Die Kost eurer Informationen, die ihr in Form von Büchern, Computerspielen, Filmen und Fernsehsendungen in euer Leben einladet, sollte mit Aufmerksamkeit gewählt werden! Seid euch bewusst, dass es sich dabei um Energien handelt, denen ihr erlaubt, in euch zu kreisen! Seid gesegnet, das war Konfuzius.

Die Liebe zu allem, was ist

Frage: Ich bin neulich vorm Einschlafen von irgendwelchen negativen Geistern angegriffen worden. Könnt ihr dazu etwas sagen?

Hilarion

Seid gesegnet, das ist Hilarion. Ihr solltet in eurem Inneren frei von Angst sein! Das ist sehr, sehr wichtig! Ihr habt Befürchtungen, die sinngemäß lauten: Es gibt eine negative Macht, die mich bedroht! Und ich muss mich vor dieser Macht schützen! Dieses bestimmt eure Gedanken und Überzeugungen und dadurch sendet ihr Strahlen aus in Ebenen, die sehr niederschwingend sind. Was ihr dabei zum Ausdruck bringt, ist: Ich erwarte einen Angriff!

Und dies ist eine Bestellung, die euch dann erfüllt wird!

Es ist wichtig, dass ihr in eurem Inneren ganz genau beobachtet, was eure Gedanken, eure Gefühle, eure Überzeugungen und Handlungen für eine Basis haben!

Welches Gefühl steckt dahinter?

Was treibt euch dazu, so zu denken, so zu fühlen, so zu handeln? Auf welcher Grundlage sind eure Überzeugungen entstanden? Ist es ein Gefühl der Freude, der Freiheit, der Liebe?

Oder ist es ein Gefühl der Angst, des Mangels und der Selbstbegrenzung?

Wenn es das Zweite ist, sendet ihr automatisch in niedere Ebenen Erwartungen aus und diese setzen sich dann auch um. Das kann sich soweit steigern, dass ihr Schmerzen entwickelt und das Gefühl habt, eine negative Macht greift euch an.

Seid euch bewusst, das kann nur geschehen durch eure inneren Gedanken und Überzeugungen, dass dieses geschehen könnte!

Werdet euch der Macht eurer Gedanken bewusst! Achtet darauf, was ihr euch innerlich sagt!

Wenn ihr im Äußeren einen Gegenstand, einen Menschen, ein Tier, eine Sache als bedrohlich einstuft, sendet ihr dabei eine Energie der Angst aus. Und ihr verleiht damit diesem „Ding" eine ungeheure Macht! Und diese Macht, die ihr dabei abgebt, versetzt euch selbst in die Position der Ohnmacht!

Ihr gebt mit Hilfe eurer Gedanken und Überzeugungen eure Eigenmacht nach außen ab, und damit erschafft sich eine Realität, die euren eigenen Überzeugungen entspricht! Und ihr könnt dann sagen: Siehst du, ich habe gewusst, dass die Sache schief geht!

Ihr holt euch ständig die Bestätigung für eure inneren verdrehten Überzeugungen!

Dagegen hilft nur eins: Setzt euch mit euren Gedanken auseinander!

Fragt euch immer wieder:

Repräsentiert diese Überzeugung, diese Handlung, dieser Gedanke meine höchste innere göttliche Weisheit? Welches Gefühl steckt dahinter?

Nähre ich mit diesem Gedanken die Liebe oder die Angst? Handle ich als Schöpfer oder als Opfer?

Wir bringen für die Wirkungsweise eurer Gedanken eine Analogie:

Ihr bewegt euch durch eure materielle Welt, dabei strahlt sich die Qualität eurer Gedanken und Gefühle in eure Aura ab, sie ist entweder lichtvoll farbig oder grau und wirkt verschmutzt.

Die Ebene, die euch umgibt, ist eine Licht- und Schattenebene, es gibt darin Positives und es gibt darin Negatives. Wir meinen jetzt die feinstoffliche Ebene, die euch umgibt und von euren Sinnen nicht wahrgenommen werden kann. Es gibt darin positive Kräfte und es gibt darin negative Kräfte, ebenso wie auf der Erde alle Kräfte dual vorhanden sind.

Wenn ihr euch in einem Zustand innerer Freude, des Glücks und der Ausgeglichenheit befindet, könnt ihr mit Leichtigkeit euer Bewusstsein in höhere Ebenen aussenden, in Ebenen der Weisheit, der Liebe und der Freude.

Das, was in euch vorherrscht, zieht ihr auch von außen an!

Wenn ihr allerdings durch eure Gedanken, inneren Überzeugungen und Gefühle einen Zustand der Angst und Hilflosigkeit nährt, kippt euer System um, eure Aura bekommt graue Flecke und zieht graue Energie an. Eure Ängste, Befürchtungen und Erwartungen senden sich aus, und damit versendet ihr eine Einladung an Energien, die mit eurer Energie konform gehen.

Werdet euch eurer Gedanken bewusst und erkennt, dass diese Einladung von euch ausgesandt wurde.

Deshalb ist es sehr, sehr wichtig, dass ihr euch eurer Schöpferkraft bewusst zuwendet!

Dieser Entwicklungsschritt ist sehr vielseitig und umfangreich, ihr werdet ihn kaum an einem einzigen Wochenendseminar voll verstehen und umsetzen. Dieser Prozess wird bei vielen Menschen Jahre dauern und verlangt viel Selbsterkenntnis und Eigenarbeit.

Die jetzigen Jahre auf eurem Planeten sind die sogenannten *Meisterjahre.* In dieser Zeit lernt jeder Mensch, wie sich seine Gedanken, seine inneren Überzeugungen und Gefühle im Außen materialisieren und wie diese Materialisationen immer schneller in sein Leben eintreten und Resultate hervorbringen.

Niemand, der sich auf eurer Erde aufhält, wird sich vor dieser Lernaufgabe drücken können!

Frage: Wie kann man denn diesen inneren angstvollen Zustand wechseln?

Hilarion

Ein unbewusster Teil von euch neigt dazu unangenehme Gefühlszustände möglichst rasch zu verdrängen, wegzuwischen und eure Aufmerksamkeit schnell in eine andere Richtung zu lenken. Wer sich selbst beobachtet, weiß das!

Nimm bewusst war, welches Gefühl da hochkommt! Benenne und hinterfrage es! Überprüfe auch deine Ansichten und inneren Wahrheiten! Welche davon sind überholungsbedürftig?

Und dann nutze deine Schöpfermacht und wechsle deine innere Energie um in Lebensfreude, Zufriedenheit, Freiheit und Glück.

Frage: Könnten wir auch Erzengel und Aufgestiegene Meister zu Hilfe rufen?

Hilarion

Ja, natürlich! Für Freude und Freiheit gibt es den Erzengel Chamuel und Lady Rowena und für Glückseligkeit den Meister Ling. Aber wenn ihr euch selber gefangen haltet in einem Zustand der absoluten Angst, dann seid ihr abgeschottet und umgeben von Energien, die diesem Zustand entsprechen. Das bedeutet: wenn ihr in Angst, in Schwierigkeiten und Depressionen versinkt, seid ihr für uns unerreichbar. Wir haben in solch einem Falle keinen Zugang, um zu helfen.

Wir können erst dann eingreifen, wenn sich euer innerer Zustand positiv zu verändern beginnt.

Ihr solltet in euch wenigstens *einen* Funken freudvoller Energie entfachen, sonst können wir euch nicht erreichen. Alle Aufgestiegenen Meister und Erzengel helfen euch gern! Bitte helft auch ihr uns, indem ihr uns einen Schritt entgegenkommt.

Ihr solltet, wenn ihr mit der Hilfe der Erzengel und Meister arbeiten möchtet, immer einen klaren Auftrag erteilen. Sagt das, was ihr erreichen möchtet und worin ihr euch Hilfe erwartet, und zwar **positiv formuliert.** Wenn ihr aus dem Katalog bestellt, zählt ihr auch nicht erst alles auf, was euch nicht gefällt und was ihr nicht bestellen werdet! Ihr könnt uns sehr gern erzählen, was ihr erlebt habt und was eure Vermutungen sind, aber drückt auch klar aus, was ihr erreichen möchtet und was euer Ziel ist!

Wir möchten eure Aufmerksamkeit gern noch auf eine Übung lenken, bei der ihr Heilenergie in Form von grünem Licht in euren Körper ziehen könnt:

Angenommen, ihr fühlt euch gerade nicht so prickelnd und es gibt eine Körperstelle, die euch Sorgen bereitet. Dann ruft euch die Hilfe und Unterstützung vom grünen Strahl: Von Erzengel Raphael oder Meister Hilarion. Stellt euch dabei vor, wie von oben grünes Licht über euer Kronenchakra einfließt und in einem senkrechten Laserstrahl eure Wirbelsäule flutet. Es aktiviert eure körpereigenen Selbstheilungskräfte und verbindet euch mit himmlischer Unterstützung. Am Steißbein wendet das grüne Licht und fließt wieder die Wirbelsäule hinauf zum Kronenchakra, so dass ein Kreislauf entsteht. Dann wandert mit eurer Aufmerksamkeit zu der Körperstelle, wo das Problem sitzt. Konzentriert euch für 10 Minuten darauf, wie der grüne Laser die Stellen durchwirkt und umkreist. Das ist eine Unterstützung, die den Heilungsprozess beschleunigt. Natürlich solltet ihr darüber hinaus auch irdische Dienstleistungen in Anspruch nehmen.

Geht auch in die Eigenverantwortung, was eure „ungeliebten Gefühle" angeht. Werdet euch bewusst, dass ihr der Schöpfer dieses Zustandes seid und es ist auch euer Gedanke, der die Veränderung vollbringt. Hinterfragt euch, welche negativen Suggestionen, Gedanken und Dramen ihr in eurem Inneren pflegt und welche Zukunftsvisionen euch Bauchweh verursachen? Es ist eure Lernaufgabe, den Zusammenhang zwischen euren Gedanken (Schöpfungen) und dem daraus resultierenden körperlichen Zustand zu entdecken und in der Folge dessen eure zuversichtlichen Gedanken zu mehren. Die Arbeit in eurem Kopf aufzuräumen, kann euch kein Außenstehender abnehmen, aber wir unterstützen euch gern mit Heilenergie! Seid gesegnet, das war Hilarion.

In deiner Aura bist du Gott!

Konfuzius

Seid gesegnet, das ist Konfuzius.

Wir möchten euch gerne folgendes Bild näherbringen: Ihr alle besitzt einen physischen Körper, einen Ätherkörper, einen Emotionalkörper und einen Mentalkörper, und diese feinstofflichen Körper umgeben und durchwirken euren physischen Körper und gehen in Form einer Aura über euren physischen Körper hinaus.

Ihr seid also eingeschlossen in einen feinstofflichen Mantel, der euch wie eine Schutzglocke umgibt.

Nun ist es so: Ihr seid innerhalb dieses energetischen Gebildes, welches aus eurer Energie besteht und euch umgibt, **göttliche Machthaber!**

In dieser kleinen Welt, die euch umgibt und durchwirkt, ist euer Wort, euer Gedanke, eure Überzeugung gleichzusetzen mit **Gottes Gebot!**

Alles, was ihr denkt, fühlt und annehmt als richtig oder falsch, alle eure aktuellen Überzeugungen und inneren Wertungen setzen sich innerhalb dieses Raumes sofort um!

Alle Gedanken über euren persönlichen Zustand, alle Aussagen über euch selbst, die beginnen mit:

…ich bin… (ich bin freudvoll, ich bin kraftvoll, ich bin liebevoll), aber auch eure negativen Aussagen, alle Beschreibungen von Seinszuständen, die lauten:… ich fühle mich…, alle Glücksgefühle und Mangelzustände senden sich sofort in eure feinstofflichen Körper aus und realisieren den bestellten Zustand. In eurer Energiekugel seid ihr **Gott!**

In der heutigen Zeit geht es darum, dass ihr dieses verborgene Potential entdeckt und bewusst einsetzt, um euer Leben positiv zu gestalten.

Es ist für euer Lebensglück absolut notwendig, dass ihr euch bewusst werdet, was ihr denkt. Alle gedanklichen Suggestionen von Leid und Elend, erschaffen heute ungebremst diese Zustände in euch.

Angenommen, ihr denkt morgens nach dem Erwachen über euer vermaledeites Leben nach, so nach dem Motte: „Was für ein grässlicher Tag! Ich muss mitten in der Nacht aufstehen, in diese furchtbare Firma gehen und einen Job erledigen, der mir absolut zuwider ist. Warum bin ich nur dort gelandet? Mein Leben macht mir wirklich keine Freude mehr! Das Geld reicht hinten und vorne nicht. Der Druck ist unerträglich. Am liebsten würde ich alles hinwerfen! Aber ich brauche diese bescheidene Bezahlung, um irgendwie zu überleben. Alles ist so mies. Mein ganzes Leben ist eine einzige Zumutung. Ich wünschte, ich wäre schon tot!"

Was glaubt ihr, welche Gefühlszustände ihr mit derartigen Gedanken erschafft? Ihr fühlt euch niedergeschlagen, ausgelaugt, depressiv und von Universum schlecht behandelt. Ihr glaubt, euer Leben habe euch in eine Situation gesteckt, aus der ihr anscheinend nicht entfliehen könnt. Die Opfermentalität hat euch im Griff. Ihr könntet weinen und würdet am liebsten davonlaufen und irgendwie aussteigen.

Kennt ihr das Phänomen, dass euch ein Musikstück, welches ihr morgens beim Erwachen als erstes hört, durch den Tag begleitet? Es ist wie eine hängengebliebene Schallplatte, die noch nach Stunden in eurem Gedächtnis trällert.

Genau dieses Phänomen trifft auch auf eure Gedanken zu! Der Gefühlszustand, den ihr mit euren ersten Gedanken erschafft, begleitet euch durch den Tag!

Was hier wirkt, das ist eure Schöpfermacht! Ihr entscheidet täglich, ob ihr ausgeglichen und harmonisch oder unzufrieden und verbittert durch euer Leben geht.

Erkennt eure eigene göttliche Macht!

Nicht Gott oder der Teufel haben euch zu einer unschönen Situation verdammt – ihr tut es höchstpersönlich durch die Wahl eurer Gedanken!

Wenn ihr erst eine Weile einen bestimmten Zustand gepflegt habt, seid ihr so gefangen in eurer selbsterschaffenen Welt, dass ihr sie für die Realität haltet – es ist aber nur eure Realität und damit wird sie veränderbar!

Erkennt eure schöpferische Macht! Nehmt bewusst wahr, was ihr da gedanklich erschafft! Wo endet diese Straße? Ist das wirklich euer Ziel?

Ihr verfügt über eine ungeheure Macht, die ihr bewusst annehmen oder weiter vollautomatisch in euch spuken lassen könnt und diese Entscheidung trefft ihr an jedem Morgen neu!

Vielleicht könntet ihr das Leben als ein Abenteuer oder eine lustige Herausforderung betrachten, die ihr selbst gestalten könnt?

Das erste Werkzeug dafür sind eure Gedanken. In eurer Aura seid ihr Gott! Wenn ihr diesen Punkt gemeistert habt, wird sich euer Leben verwandeln. Es ist der wichtigste Lernschritt überhaupt und er steht für alle Menschen auf der Erde an! Jetzt ist die Zeit des Erwachens! Und Erwachen bedeutet: Erkennt die schöpferische Kraft eurer Gedanken!

Bemerkung: Dann sind wir sozusagen in unserer Macht in dieser Energiekugel?

Konfuzius

Ja! Und ihr könnt diese Macht positiv einsetzen, indem ihr eure

Gedanken klärt, eure Überzeugungen überprüft und euren Seinszustand aufwertet.

Fragt euch: Was ist wirklich sinnvoll? Was bringt mich voran?

Werdet euch bewusst, ihr seid innerhalb eures Energiefeldes Gott!

Und alle Gedanken, lautgesprochene Worte folgen eurer göttlichen Macht und manifestieren sich in euren feinstofflichen Körpern.

Durch die Schwingungserhöhung der Erde erhöht sich automatisch auch die Schwingung eurer feinstofflichen Körper und mit ihr die Manifestationsgeschwindigkeit.

Das bedeutet: Vor 15 Jahren hat es noch geraume Zeit gedauert, ehe sich eure negativen Gedanken in eurem Leben bemerkbar machten und Resultate hervorbrachten. Heute geht das entschieden schneller! Und in 15 Jahren wird eure Manifestationsgeschwindigkeit enorm hoch sein! Lernt eure Gedanken frei zu wählen!

Das Energiefeld, das euch umgibt, ist wie ein hochbrisanter Cocktail, und aus diesem Gebräu erschafft ihr eure Zukunft!

Mit euren feinstofflichen Körpern kommt ihr nachts auf die Traumebene, ihr lasst eure Energie mit anderen zusammenfließen, und daraus manifestieren sich für jeden Einzelnen künftige Ereignisse!

Ihr erfahrt dabei Hilfe und werdet aufgeladen mit positiver Energie. Wenn euer Traumkörper in den physischen Körper zurückkehrt, ist er ausgeglichen und harmonisch. Nun werdet ihr wach.

In diesem Moment seid ihr wie ein leeres Gefäß, in dem Frieden herrscht. Und jetzt setzt euer Denken ein!

Eure ersten Gedanken entscheiden darüber, mit welcher Energie ihr dieses leere Gefäß füllt! An was denkt ihr morgens, wenn ihr wach werdet?

Denkt ihr daran, dass ihr **eine springlebendige, quietsch-vergnügte Seele** habt, die in einem gesunden, wunderschönen Körper wohnt, die die Chance hat, einen brillanten Tag zu erleben, neue Erfahrungen zu sammeln, sich zu verlieben und an jeder Straßenecke Menschen trifft, mit denen sie sich einmal verabredet hat, um gemeinsam in dieses physische Leben zu gehen und diese Erde in **ein Paradies für alle** umzugestalten?

Sind das eure Gedanken, wenn ihr erwacht?

Wir sagen jetzt nicht, dass das für alle die idealen Sätze sind, die ihr euch morgens in euer Gemüt eintrichtern solltet! Aber sie wären auf jeden Fall äußerst erhebend. Überprüft eure Gedanken und Wertungen!

Denkt darüber nach, ob es wirklich sinnvoll ist, jeden Morgen gedanklich die gleiche Schiene zu fahren, oder ob es auch positive Dinge gibt, auf die ihr euch konzentrieren könntet?

Und dann sagt euch eure eigenen Sätze, die für euch stimmig und harmonisch sind! Da liegt der Schlüssel für eine Wendung eurer Lebenssituation. Ergreift ihn!

Werdet euch der Macht eurer Gedanken bewusst! Das ist außerordentlich wichtig!

Viele von euch benutzen zum Wachwerden einen Radiowecker. Es wäre von großem Vorteil, wenn ihr ihn so einstellen würdet, dass ihr euch nicht im Halbschlummer die Nachrichten hereinzieht!

Seid gesegnet, seid in der Liebe und in freudvollen Gedanken! Das war Konfuzius!

Positives Denken und die Klärung von Unstimmigkeiten

Frage: Mir hat neulich jemand erzählt, dass positives Denken krank macht. Ich war nicht der Meinung, aber die Person hat darauf bestanden, dass sie es aus eigener Erfahrung wüsste! Nun möchte ich gern wissen, wie ist so etwas möglich?

Konfuzius

Wenn ihr es falsch anwendet, dann ist es möglich! Wir werden es erklären:

Das Anliegen eurer Seele ist es, nach höchster Wahrheit und Harmonie zu streben, daraus entsteht Entwicklung – Evolution. Ihr habt in euch einen Teil, der Vollkommenheit anstrebt, der neu eingehende Erkenntnisse auf Wahrheitsgehalt und Nützlichkeit überprüft. Die Lehre der Harmonie spielt dabei eine große Rolle.

Musiker üben sich in Harmonielehre, indem sie beim Spielen oder Komponieren ein Gespür dafür entwickelt, welche Töne gut zusammen passen und wo Misstöne vorhanden sind und wie sie das Ganze besonders ausdrucksstark vortragen können. Maler betrachten ihr Werk und entwickeln dabei ein Fingerspitzengefühl für Farbkomposition und Gestaltung. Sie werden so lange daran herumfeilen, bis sie zufrieden sind.

Es gibt also ein Signal in euch, welches euch meldet: „Genauso ist es perfekt!"

Poeten jonglieren mit Worten, und sie werden so lange an einem Satz basteln, bis er ihrem inneren Wohlempfinden entspricht. Euer Gefühl sagt euch: „Die Harmonie ist hergestellt!"

Des Weiteren habt ihr in euch so etwas wie einen „Lügendetektor",
der darüber entscheidet, ob eine neue Information unter Wahrheit oder Unwahrheit eingeordnet wird.

Kriminalbeamte, die ein Alibi überprüfen, entwickeln ein
Gespür dafür, ob jemand die Wahrheit sagt oder ob sie gerade
belogen werden. Das beschränkt sich natürlich nicht nur auf
Kriminalbeamte! Jeder von euch vergleicht neu eingehende Informationen mit allem, was er jemals darüber gehört hat und
entwickelt daraus ein Gefühl, was richtig oder falsch ist!

Da ist eine innere Erkenntnis, die euch hellhörig werden lässt,
wenn irgend etwas nicht stimmig ist.

In euch ist also eine Instanz, die entscheidet zwischen: Wahrheit
oder Unwahrheit und harmonisch oder disharmonisch!

Nun zum positiven Denken:

Wenn ihr entgegen eurer inneren Weisheit euch etwas eindok-
trinieren wollt, dann treten Probleme auf. Dazu ein Beispiel:

Angenommen, es gibt in eurer Verwandtschaft eine Person, die
hintenherum stichelt und intrigant ist. Bei Familienfesten zeigt
sich diese Person von ihrer besten Seite, sie wirkt gönnerhaft
und hat für alle ein nettes Wort. Eure Situation ist die: Ihr habt
schon mehrere Jahre unter dieser Verwandten gelitten, habt aber
um des lieben Friedens willen eure Meinung zurückgehalten.

Nun hört ihr vom positiven Denken und verfallt auf die Idee:

Wenn ich die ganze Problematik in positive Sätze kleide und
mit Liebe übertünche, wird sich dadurch die Situation klären.
Und das ist ein Irrtum!

Ihr ignoriert dabei die Wahrheit, euer besseres inneres Wissen
und die tatsächlichen Gefühle!

Auf diese Weise missbraucht, verursacht positives Denken Probleme!

Es hat auch nicht viel mit positivem Denken zu tun, es ist
schlichte Einfärberei und Selbstbetrug!

Das wird niemals das Ziel eurer Seele sein! In einem solchen Fall wäre es von Nutzen, dass ihr die Fronten klärt und der Person zu verstehen gebt, dass ihr ihre Machenschaften erkannt habt!

Frage: Lieber Meister Konfuzius, könntest du dich etwas genauer ausdrücken, was es bedeutet… die Fronten zu klären? Wir hätten gern eine Anleitung!

Konfuzius

Sehr gern! Ihr alle kennt aus eurem Alltag, aus eurer Vergangenheit, aus dem Umfeld, aus der Familie, von der Arbeitsstelle und aus der Nachbarschaft Personen, zu denen ihr keinen guten Draht habt.

Und ihr beschäftigt euch gedanklich häufig mit diesen Menschen! Wobei bei euren Gedanken der Wunsch zum Ausdruck kommt, diese Person möge sich doch ändern, und zwar auf die Art und Weise, wie es eurer Meinung nach richtig wäre!

Und genau den Gefallen tut sie euch nicht!

Der erste Denkfehler liegt also darin, dass ihr verlangt, die andere Person sollte sich doch gefälligst verändern. Was dabei auf feinstofflicher Ebene, auch ohne dass ihr ein einziges Wort an sie richtet, bei eurem Gegenüber ankommt, ist: „So, wie du bist, akzeptiere ich dich nicht!"

Eine strikte Ablehnung der Person!

Ihr schafft damit Trennung, und das ist das Gegenteil von Versöhnung! Mit all euren Gedanken über die Eigenarten der Person verstärkt ihr die Trennung, die Trennung, die Trennung! Was könnt ihr nun tun, um zur Versöhnung beizutragen?

Der entscheidende Schritt lautet: „Akzeptiere die Person, so wie sie ist!"

Und das ist ein gewaltiger Schritt, wir werden euch erklären, wie ihr dahin kommt.

Ihr solltet euch mit folgenden Wahrheiten vertraut machen: Jede Person hat aufgrund von persönlichen Erfahrungen ihre Eigenschaften erworben, und sie hat gute Gründe, so zu sein, wie sie ist!

Jede Person, so unsymphatisch sie euch auch ist, hat Eigenarten, Fähigkeiten und Talente, die gut, lobenswert und liebenswert sind!

Wenn ihr nun Versöhnung anstrebt, dann konzentriert euch auf diese beiden Punkte!

Bei Personen, die euch nahestehen, kennt ihr oft auch deren Vergangenheit. Denkt darüber nach, welche Erlebnisse diesen Menschen zu dem gemacht haben könnten, was er heute ist?

Mit solchen Überlegungen schafft ihr Verständnis!

Des Weiteren sucht bewusst nach Eigenschaften, Fähigkeiten und symphatischen Momenten, die die Person aufwerten und euch helfen, sie zu akzeptieren!

Handelt es sich bei dem Menschen, den ihr gerade bearbeitet, um jemanden, der bereits verstorben ist oder mit dem ihr durch örtliche Trennung nicht mehr zusammen kommt, endet hier eure Übung!

Für alle anderen Personen folgt nun Schritt 2:

Analysiert, was zwischen euch steht!

Manchmal habt ihr die Hoffnung, die ganze Angelegenheit könnte sich durch Ignorieren auflösen und bereinigen. Ihr könntet glauben, wenn ihr wegzieht oder euch eine andere Arbeitsstelle sucht, dann entgeht ihr damit einer Konfrontation. Aber das ist ein Irrtum, weil ihr euren Kopf für gewöhnlich mitnehmt!

Die Wahrheit ist: Es wird eine neue Person mit den gleichen Eigenarten auftauchen!

Das Ziel eurer Seele ist weder das Ignorieren noch das endlose Suchen in alten Mustern, die in eurer Kindheit geprägt wurden, sondern immer nur das freie Agieren in der für euch schwierigen Situation!

Wobei wir wieder bei der Frage sind: Was steht zwischen euch? Dafür gibt es zwei Möglichkeiten:

1. Die verbale Kommunikation stimmt nicht!

2. Es werden Leistungen erwartet, die ihr nicht mehr bereit seid zu erbringen!

Analysiert die Situation:

Wie läuft die Kommunikation ab? Was ist der Grund, warum ihr euch zurückhaltet?

Habt ihr die Person in einer Hierarchie über euch angesiedelt? Haltet ihr euch zurück, weil euer Harmoniebedürfnis so stark ist? Die Wahrheit ist: Jeder Mensch ist gleich viel wert wie der andere! Ihr werdet keinen Frieden schaffen, indem ihr eure Bedürfnisse ignoriert!

Zu zweitens:

Welche Leistungen werden erwartet? Was seid ihr nicht mehr bereit zu tun?

Die Wahrheit ist: Ihr steht mit der Welt und allen Energien, die euch umgeben, im ständigen Austausch! So wie der Atem kommt und geht, umgibt euch ein ständiges Nehmen und Geben!

Harmonie besteht dann, wenn ihr in eurem Inneren spürt, dass das Nehmen und Geben zwischen euch und der Welt ausgeglichen ist!

Schafft euch Klarheit, was für euch Ausgeglichenheit bedeutet! Und dann redet darüber, ohne zu jammern oder anzuklagen!

Noch ein Wort zu den Mustern, die in eurer Kindheit geprägt wurden:

Viele von euch haben die Angewohnheit, ihre momentanen Probleme rückzuanalysieren und mit Erlebnissen der Kindheit zu erklären. Vorübergehend mag das hilfreich sein, weil ihr dadurch lernt, euch selbst besser zu verstehen, aber für die Lösung eurer Probleme ist es nicht hilfreich!

Es geht nicht darum, in alten Mustern zu suchen und die Vergangenheit ständig aufzuwärmen.

Euer Frust ist der Frust von heute und nicht der aus eurer Kindheit!

Stellt euch besser die Frage:

Wo und mit was in meinem Leben bin ich im Moment unzufrieden? Was ärgert mich? Wo fühle ich mich unwohl? Habe ich mir die Macht abgesprochen, an meiner Situation etwas ändern zu können?

Wenn ja, seid ihr in der gleichen Situation wie in eurer Kindheit. Auch da erlebet ihr Ungerechtigkeiten und fühltet euch machtlos, etwas dagegen zu unternehmen.

Heute seid ihr erwachsen! Und wenn ihr gefrustet seid, dann liegt das in den meisten Fällen nicht daran, dass ihr in eurer Kindheit schlecht behandelt wurdet, sondern es liegt an eurer momentanen Lebenssituation!

Wo lasst ihr euch über den Tisch ziehen? Wo habt ihr einen faulen Deal laufen? Wo seid ihr auf Kompromisse eingegangen, die euch zu schaffen machen?

Ihr seid heute nicht mehr machtlos! Aber ihr könnt euch eure Macht selber absprechen!

Euer Ärger und euer Frust werden dann verschwinden, wenn ihr in der Gegenwart aufräumt! Seid gesegnet, das war Konfuzius!

Existenzangst

Frage: Wie können die Menschen mit ihrer Angst umgehen?

Konfuzius

Meint ihr jetzt eine spezielle Angst oder ist es eine allgemeine Frage?

Antwort: ... allgemein.

Konfuzius

Was in eurer Zeit sehr stark vertreten ist, ist die sogenannte Existenzangst. Es gibt noch andere Formen von Angst, aber wir werden heute einmal über diese sprechen!

Viele Menschen haben sich in Abhängigkeitsverhältnisse begeben, und die existieren vor allen Dingen aus ihren Gedanken heraus. Mit ihren Gedanken erschaffen sie Realitäten. Sie sind dann in ständiger Angst, ihnen könnten bestimmte Besitztümer verlorengehen oder ihr Lebensstandard könnte abbröckeln und auseinanderbrechen. Sie erschaffen sich aus Angst Scheinsicherheiten, die ihr Abhängigkeitsverhältnis noch stärken. Sie glauben dann z. B., dass es wichtig ist, eine feste Arbeitsstelle und ein gutes Einkommen zu haben, dass es wichtig ist, immer Geld für ihre Abzahlungen zu haben, Geld für all´ die Artikel, die sie „brauchen". Und damit beginnt der Teufelskreis.

Durch diese Befürchtung, dass ihr eines Tages weniger haben könntet, als gerade jetzt, produziert ihr angstbeladene Zukunftsenergien und setzt damit Prioritäten, was euch wichtig ist und was ihr zu vermeiden gedenkt.

Was treibt euch zu diesen Handlungen? Ist es die Lebensfreude oder die Angst?

Erst im Nachhinein bemerkt ihr manchmal, dass gewisse Objekte gar nicht so wichtig sind und dass es anderes gibt, was sehr viel wertvoller ist.

Viele Menschen erschaffen sich in ihrem Leben persönliche Erfahrungen, um diese Prioritäten zu erschüttern. Sie könnten z. B. die Erfahrung machen, dass sie in einem arbeitsreichen Leben viel Geld gehortet haben und plötzlich erleben, wie eine geliebte Person krank wird und wie sie mit ihrem gesamten Vermögen trotzdem machtlos sind und hilflos daneben stehen.

Solche Erfahrungen sollen euch anregen, eure Überzeugungen in Frage zu stellen!

Das Leben beginnt nicht mit der Rente, sondern am Tage eurer Geburt! Ihr lebt täglich!

Manchmal hat es den Anschein, dass ihr es gar nicht erwarten könnt, dass Freitag wird, dass der Urlaub kommt, und die Älteren zählen die Zeit bis zu ihrer Pensionierung. Nennt ihr das leben?

Aus unserer Sicht ist das eher ein Zeittotschlagen!

Ihr setzt die begehrenswertesten Lebensjahre ans Ende eurer Tage, wie ein Esel, der einer Karotte nachtrabt!

Ebenso gut könntet ihr euch alle zusammen entschließen **jetzt** zu leben! Es ist die Sucht nach der Karotte, die euch weitertraben lässt!

Schaut euch doch einmal an, was ihr habt von all euren Besitztümern? Zuviel Besitz ist auch sehr hinderlich, weil damit Arbeit und Verpflichtungen verbunden sind!

Erklären wir es an einem Beispiel: Angenommen, ihr besitzt ein Haus, in dem ihr wohnt, darüber hinaus kauft ihr euch noch eine Ferienwohnung in einem fernen Land, weil sie sehr günstig ist, und ihr plant, dort euren Lebensabend zu verbringen. Dann bekommt ihr noch ein drittes Angebot von einem Ferienbungalow, in dem ihr eure Freizeit verleben möchtet.

Im Endeffekt ist es so, dass ihr durch diese drei Objekte gegängelt werdet! Nicht mehr ihr bestimmt über euer Leben, sondern eure Besitztümer!

Ihr werdet sie in regelmäßigen Abständen aufsuchen und Ordnung schaffen und das alles, weil aus der Ferne die Karotte winkt.

Weitaus geruhsamer wäre es, den Urlaub in einem Hotel oder in einem gemieteten Objekt zu verbringen. Zuviel Besitz wird irgendwann zu Ballast!

Versucht, positiv zu denken, schaut auf das, was ihr bereits habt, und vermeidet Gedanken des Mangels und der Existenzangst!

Eure Versicherungsindustrie lebt von eurer Angst und von eurer Unwissenheit! Sie lassen euch glauben, dass ihr Vorsorge treffen solltet für schlechte Zeiten, die euch im Alter überrollen könnten. Das Fazit dabei ist: Ihr habt die schlechten Zeiten gleich und sie euer Geld!

Erkennt ihr die Karotte im Spiel?

Wenn ihr diese Erde verlasst, werdet ihr nicht einmal einen Nagel von eurem Haus mitnehmen! Was ihr mitnehmt, ist die Erinnerung an dieses Leben, das ihr gerade lebt!

Werden es freudvolle Erinnerungen sein?

Ihr alle tragt täglich dazu bei, werdet euch dessen bewusst! Aber ihr fragtet, wie ihr mit eurer Angst umgehen könnt?

Angst ist eine Energie, die **immer** auf die Zukunft gerichtet ist!

Im gegenwärtigen Moment existiert keine Angst! Um Angst zu produzieren, müsst ihr also die Gegenwart verlassen und in euch Bilder von vermeintlicher Bedrohung in der Zukunft erschaffen – anders ist es nicht möglich!

Betrachtet, was ihr da erschafft? Und überlegt, ob das wirklich das höchste Ziel eures Lebens ist?

Und dann kehrt zum gegenwärtigen Moment zurück. Im Hier und Jetzt gibt es keine Angst, sondern nur Geborgenheit, Liebe und Zufriedenheit mit allem, was ist! Ihr seid die Meister über eure Gedanken! Übernehmt die Verantwortung dafür!

Frage: Wie können die Menschen in ihre Schöpfermacht kommen?

Konfuzius

Segen und willkommen, das ist Konfuzius! Die Menschen sind in ihrer Schöpfermacht! Das waren sie immer! Nur hat euch vor 2012 die Trägheit der Materie geschützt, es dauerte etwas länger, bis sich negative Gedanken und Überzeugungen in eurem Leben umsetzten. Jetzt verläuft der ganze Prozess schneller und das Tempo wird in naher Zukunft noch zunehmen.

Aber wir wissen, dass ihr eigentlich etwas anderes damit fragen wolltet! Die korrekte Frage lautet:

Wie lernt der Mensch, seine Schöpferkraft zum größten Wohl aller einzusetzen?

Das ist ein Prozess, der über viele Jahre gehen wird! Der Bewusstseinswandel ist in vollem Gange!

Jeder Mensch, der sich auf der Erde befindet, erlebt, wie sich seine Überzeugungen und Gedanken wie eine Blaupause in seinen derzeitigen Erfahrungen widerspiegeln, und er erfährt dieses manchmal auf schmerzhafte Weise. Die Trägheit der Dreidimensionalität, die euch früher geschützt hat, schwindet immer mehr! Und wir können euch versichern, sie wird nicht zurückkehren!

Jedenfalls für die meisten von euch nicht!

Die schöpferische Macht eurer Gedanken wird euch in den nächsten Jahren immer deutlicher zu Bewusstsein kommen, ihr werdet die geistigen Gesetze verstehen und immer klarer in euch verankern, ihr werdet bewusst positive Gedanken auswählen und euer Leben aktiv durch das eigene Handeln bestimmen.

Ihr arbeitet in jedem Fall an eurem Bewusstsein, auch wenn es den Anschein hat, dass es nur wenige tun.

Wir würden euch gern zwei Übungen empfehlen: Eine Konzentrationsübung und eine Übung für positive Ausrichtung.

Es gibt eine Reihe Meditationen, die euer Bewusstsein schrittweise durch den Körper gleiten lassen, z. B. die Chakrenmeditation, das Durchfließen von Heilenergie, dabei wird eure gesammelte Konzentration geschult. Das ist ein gutes Bewusstseinstraining.

Ihr werdet beobachtet haben, am Anfang, als ihr begonnen habt zu meditieren oder auch an manchen Tagen, in denen ihr sehr mit einer Sache beschäftigt seid, dass euch die Gedanken eher weglaufen, dass ihr Mühe habt, euch zu konzentrieren, und euch immer wieder andere Gedanken dazwischenfunken.

Mit zunehmender Übung nehmen die Klarheit eurer Gedanken und die konzentrierte Form zu.

Das hilft, eure Schöpfermacht auszurichten! Die Herausforderung ist, eure Gedanken zu disziplinieren, damit sie nicht wie eine Herde Esel durcheinandergaloppieren.

Die andere Übung wäre:

Angenommen, ihr seid gerade in einem Zustand, wo ihr euch selbst bemitleidet, in einem Zustand des Mangels und der Unausgeglichenheit. Dann werdet euch erstens dieser Tatsache bewusst und wählt zweitens ganz bewusst aus, was ihr möchtet, welche Energien statt dessen in euch kreisen sollen!

Nun geht mit eurer gesamten Aufmerksamkeit in eure volle Macht und Energie! Richtet euch auf, erhebt die Arme und spürt kraftvoll euren Atem und dann entscheidet euch für Liebe, Frieden, innere Ausgeglichenheit oder was ihr sonst erschaffen möchtet und ruft diesen neuen Zustand in euer Bewusstsein und verbreitet die klare schöpferische Aussage:

„Und so, wie ich mich im Moment fühle, das ist Realität! Weil ich es so bestimme!"

In einem Zustand des Mangels erlebt ihr euch als energielos und hilflos. Sobald ihr die Energie in euch wachruft, habt ihr die Wahl, dieses zu verändern!

Seid gesegnet, das war Konfuzius.

Schwarmverhalten oder der Nachahmungseffekt

Frage: Es gibt ja bei uns sehr viele Menschen, die sich überhaupt nicht mit Spiritualität beschäftigen. Was geschieht nun mit ihnen, wenn die Schwingung weiter ansteigt?

Kuthumi

Seid gesegnet, seid in der Liebe, das ist Kuthumi.

Zum Teil haben wir ja die Frage schon beantwortet, aber wir werden trotzdem noch etwas dazu sagen: Es gibt keinen Grund zur Beunruhigung!

Ein bestimmter Prozentsatz von Menschen ist spirituell, aber Spiritualität ist keine Voraussetzung für den Übergang ins Paralleluniversum. Jeder Mensch ist anders gelagert und verarbeitet diesen Bewusstseinsprozess auf seine ganz persönliche Art. Ihr werdet wacher und reifer, und die Menge der Menschen, die diesen Schritt gehen, nimmt täglich zu.

Ihr habt das Beispiel von dem hundertsten Affen *(Lyall Watson „Geheimes Wissen")* gelesen, der gelernt hatte, seine Kartoffeln vor dem Verzehr zu waschen. Wenn ein bestimmter Prozentsatz einer Gruppe eine Sache als nutzbringend und wertvoll annimmt, dann geht dieses in das kollektive Sein über und wird von allen übernommen.

Im Falle der Affen war es damals so, dass die danach geborenen Tiere und auch die Affen der Nachbarinseln plötzlich ganz von selbst ihre Kartoffeln vor dem Verzehr wuschen.

So ähnlich könnt ihr euch das auch bei den Menschen und der Integration des höheren Bewusstseins vorstellen. Ihr alle seid über das kollektive Bewusstsein miteinander verbunden, und darin gibt es so etwas wie einen Nachahmungseffekt. Diesen könnt ihr sehr leicht überprüfen, indem ihr in einer Gruppe Menschen hustet. Schaut und hört, was um euch geschieht!

Sobald 51 % der Menschheit die Macht der eigenen Gedanken bewusst anzuwenden gelernt hat und in der Lage ist, Harmonie, Frieden und positive Erwartungen im eigenen Energiefeld zu halten, strahlt das ab auf euer kollektives Bewusstsein und ins Energiefeld der Erde. Wenn die Erde erfüllt ist von einer positiven, harmonischen Aura, wird das der Gleitstoff sein, der euch in paradiesische Sphären trägt oder anders ausgedrückt euer gesellschaftliches Zusammenleben wird von Frieden, gegenseitiger Achtung, Fairness und Lebensfreude durchdrungen sein.

Es gibt sicherlich Menschen, die im Moment Spiritualität und Bewusstseinsarbeit noch ablehnen. Was da in Opposition geht, ist nur ein kleiner Teil von ihnen, nämlich ihr Wachbewusstsein. Auf der Traumebene haben sie dieses neue Weltbild bereits integriert, nur weigert sich im Moment noch ihr Verstand, damit nach außen zu gehen, sie haben Angst, dieses neue Wissen anzunehmen, vor allem weil sie befürchten, verspottet zu werden.

Aber diese Anlage wurde bei vielen Menschen auf der Traumebene angelegt. Und wenn ein bestimmter Prozentsatz der Erdbevölkerung begriffen hat, dass er eine Seele hat, dass es eine höhere Macht gibt, mit der man sich verständigen kann, dass sie selbst ganz entschieden dazu beitragen können, dass ihre Lebensqualität steigt, dass sie ihre Opfermentalität überwinden können und wo die wirklichen Werte im Leben liegen, dann strahlt das aus und geht ins Allgemeingut über.

Es ist eigentlich zweitrangig, ob ihr über die Spiritualität, über die Therapie oder über Mentaltraining begonnen habt, an euch zu arbeiten, wichtig ist, dass ihr es tut und dass sich damit eure Bewusstheit steigert!

Und ihr dürft damit rechnen, dass Menschen, die heute derartige Dinge noch ablehnen, plötzlich über Nacht eine neue Einstellung dazu haben. Wenn die Zeit reif ist, wird sich dieses neue Weltbild sehr rasch in ihrem Alltagsbewusstsein durchsetzen. Möglicherweise werdet ihr erstaunt sein, wenn ihr sie sprechen hört, weil sie sich um 180 Grad gedreht haben, und es könnte sogar sein, dass sie behaupten, dass das schon immer ihre Meinung war. Rechnet damit und akzeptiert es!

Auch wenn es euch die Sprache verschlägt, akzeptiert, dass es im Moment für sie die Wahrheit ist.

Belasst es dabei! Wichtig ist nur das Endergebnis!

Außerdem gibt es einige, die sich so verstrickt haben und verbissen an selbstzerstörerischen Überzeugungen und Handlungen festhalten, dass sie sich von dieser Ebene und aus eurer Zeit verabschieden. Das betrifft vor allen Dingen Menschen, die sich gedanklich in ihrer selbsterschaffenen Opferthematik oder in Kampfenergien festgebissen haben und über einen längeren Zeitraum nicht herausfinden. Für sie wird es nicht die letzte Inkarnation auf einem dichten Planeten sein. Sie gehen hinüber in die Verstorbenenebene und werden zu einem späteren Zeitpunkt in einer anderen Zeitebene wiedergeboren. Damit wollen wir nicht den Eindruck erwecken, dass hochentwickelte Menschen nicht sterben! Auch für sie gibt es manchmal Aufgaben im feinstofflichen Bereich, die im Moment wichtiger sein könnten!

Frage: Was bedeutet das Resonanzgesetz?

Kuthumi

Es gibt verschiedene geistige Gesetze oder Wirkungsweisen, die auf seelischer Ebene existieren und die in eure Welt hineinwirken in Form von Wahrheiten. Das Resonanzgesetz ist eines davon.

Es besagt sinngemäß, dass ihr alle Überzeugungen, die ihr in eurem Denken und Bewusstsein als wahr empfindet, selbst ausstrahlt und auch von außen anzieht, sozusagen als Bestätigung eures Weltbildes.

Wenn Gewalt für euch eine Realität ist, dann werdet ihr Kampf in euren Gedanken pflegen und auch Gewalttätigkeit von außen anziehen. Wenn Lebensfreude eure Überzeugung ist, dann werdet ihr Humor und Lachen in eurem Inneren haben und auch dementsprechende Erfahrungen in eurem Umfeld erleben. Wenn ihr die Überzeugung habt, dass ihr ein armes, wehrloses Opfer seid, welches von seiner Umwelt gegängelt wird, dann sind das genau die Energien, die ihr in euer Leben einladet. Eure Aura schreit dann förmlich: „Ich habe den Glauben, ein Opfer zu sein! Bitte bestätigt mir die Richtigkeit meiner Überzeugung!"

Es gibt einige Sprichwörter, die bei euch gebräuchlich sind und mit einfachen, verständlichen Worten das Resonanzgesetz wiedergeben: Wie innen so außen! Wie oben so unten! Was ihr sät, das werdet ihr ernten!

Das sind Sätze, die in ihrer Aussagekraft den Inhalt des Resonanzgesetzes widerspiegeln. Es besagt, dass ihr die Dinge, die ihr in euch selbst pflegt, die Überzeugungen, die ihr von anderen ungeprüft übernehmt, dass ihr diese in euer Leben einladet und erlebt.

Jeder von euch ist in der Kindheit geprägt worden, eure Schulen haben euch ihr Weltbild aufgezwungen, möglicherweise hat euch eure Kirche ihre Vorstellungen verkauft, im Erwachsenenalter wurdet ihr überzeugt, dass es wichtig ist, den Lebensunterhalt zu verdienen, momentan werdet ihr eingeschworen auf einen Sparkurs, damit andere weiter die Gewinne abschöpfen können und **wir** sagen euch:

Ihr seid auf der Erde, um Spaß zu haben!

Das Ganze ist zugegeben verwirrend, aber ihr erlebt das, was ihr euch in eurem tiefsten Inneren, in eurer Fantasie ausmalt. Es wäre schön, wenn ihr es bewusst wählt!

Viele von euch sind in der Kindheit und Jugendzeit sehr fantasievoll. Lasst diese Fantasie wieder zu! Benutzt sie dafür, euer Leben grundlegend zum Positiven zu wandeln! Stellt euch vor, wie euer absolutes Traumleben aussehen würde und malt es euch mit eurer Vorstellungskraft in kraftvollen Szenen aus!

Seid zuversichtlich! Auch wenn es im Moment nicht so ausschaut: Die Erde wird sich in den nächsten Jahren so zum Positiven verändern, wie ihr es euch in euren kühnsten Vorstellungen erträumt! Seid gesegnet!

Frage: Wie müssen wir uns spirituell weiterentwickeln?

Konfuzius

Seid gesegnet, das ist Konfuzius.

Es gibt da kein **Muss!** Ihr lernt ja durch die Bewusstseinserhöhung auf der Erde, mit der in euch ruhenden Schöpfermacht bewusster umzugehen. Dabei ist es zweitrangig, ob ihr das auf spirituellem Gebiet tut oder ob ihr Seminare besucht über Mentaltraining, ob ihr therapeutisch an euch arbeitet oder durch das Lesen von Büchern, durch Erkenntnisse, die euch euer Leben vermittelt oder ob ihr euch durch das Nachahmen anderer vorwärts entwickelt.

Spiritualität kann für einige von euch sogar nachteilig sein, wenn ihr euch verrennt und den Bezug zu eurem Leben verliert, dann ist auch keine Entwicklung erkennbar. Wer seine Opfermentalität in andere Sphären verlegt oder versucht, „heilig" zu werden, leidet entsetzlich darunter. Für diese Menschen wäre es von Vorteil, wenn sie sich ihrer einschränkenden Überzeugungen bewusst würden und erst einmal da aufräumen, bevor sie sich in andere Sphären flüchten!

Sie streben dann nicht mehr danach, heil zu werden, sondern „heilig" – eine künstliche Form von Heilsein.

Heil werden bedeutet, dass ihr täglich danach strebt, euch zu entwickeln und dabei Spaß zu haben. Dass ihr euch bei Problemen die Frage stellt: Welche Eigenarten meiner Persönlichkeit begünstigen meine Probleme?

Heilig sein ist eine Maske der Perfektion! Ein Mäntelchen, welches ihr euch umlegt, um die Wahrheit zu verdecken!

Zur Schöpfermacht ein Beispiel:

Eure Physiker haben entdeckt, dass sich bestimmte kleine Materieteilchen unter dem Elektronenmikroskop so verhalten, wie es der Beobachter bestellt!

Wünscht sich eine Person, die in das Gerät hineinschaut, dass diese Teilchen in Wellen fließen, dann tun sie das! Wünscht sich die Person, dass die Teilchen im Kreis fließen, dann tun sie das! Wenn sich die Person wünscht, dass die Teilchen auf der Stelle stehen, dann tun sie auch das!

Fazit: Die Teilchen verhalten sich genauso, wie es erwartet wird!

Wenn ihr das verstanden habt und als Wahrheit annehmt, erklärt sich damit das gesamte Prinzip eurer Schöpfermacht. Alles, was euch umgibt, euch eingeschlossen, ist erschaffen aus diesen Bausteinen, und sie werden ausnahmslos das ausführen, was ihr aussendet und erwartet!

Das bedingt, dass ihr euch eurer Gedanken und Lebensüberzeugungen bewusst werdet!

Schaut euch euer Leben an und überprüft, ob ihr zufrieden seid mit euren Schöpfungen?

Solltet ihr es nicht sein, dann beginnt positive, freudvolle Energien und Gedanken auszusenden. Ihr lernt es gerade im Kollektiv auf der Traumebene. Seid zuversichtlich! Auf der Traumebene seid ihr alle außerordentlich perfekt!

Kuthumi

Seid gesegnet und in der Liebe, das ist Kuthumi.

Noch ein Wort zur Spiritualität und zu dem, auf was es wirklich ankommt: Spiritualität ist zweitrangig – es ist lediglich ein möglicher Weg. Was wirklich wichtig ist, ist das Erwachen zu einem bewussten Menschen. Euer Leben wird euch vor Herausforderungen stellen, die verlangen: Werde dir der Macht deiner Gedanken bewusst! Sie haben schöpferische Kräfte!

Gut, erklären wir es so: Im Dualen Universum geht es um die Erfahrung des Vergessens der eigenen Materialisationskraft. Ihr spielt Verstecken mit eurer eigenen Göttlichkeit. Dieses besondere Spielfeld wird erzeugt durch die Zeitverzögerung und gestattet euch damit, in Rollen und Dramen einzusteigen, die ihr mit Leidenschaft und Hingabe spielt. Wäret ihr euch eurer Göttlichkeit und Gedankenkraft bewusst, würdet ihr nicht mitspielen. Erst das Vergessen bietet euch diesen besonderen Erfahrungsrahmen des Dualen Universums. Die Zeitverzögerung gestattet euch, die Parallelen zwischen euren Gedanken und anschließenden Geschehnissen auszublenden.

Bis etwa zum Jahre 1987 habt ihr in Zeitlupe geschöpft. Ihr konntet jahrzehntelang negativ denken und habt die Auswirkungen erst am Ende eures irdischen Lebens gespürt. Danach wurde langsam die Schwingung erhöht oder anders ausgedrückt: Der Zeitverzögerungsfilter, der eure Schöpfungen langsam macht, wurde allmählich zurückgezogen. Zum Jahreswechsel 2012 auf 2013 stand der Verzögerungsfilter zu 50% offen und er wird weiter zurückgezogen. Wahrscheinlich wird er 2032 zu 80% offen sein. Das bedeutet, eure Gedanken erschaffen immer schneller und konfrontieren euch unmittelbar mit den Auswirkungen eurer Vorstellungen. Das ist auch der Grund, warum zurzeit so viel Chaos in der Luft hängt. Die überwiegende Zahl der Bevölkerung sendet Angst und Unsicherheit aus. Das wird sich aber rasch wandeln, sobald ihr bestimmte Veränderungen getroffen habt. Der Schlüssel liegt in eurem zinsbelasteten Finanzsystem, was euch anfeuert die Wirtschaftskraft zu steigern. Euer Streben nach mehr und immer größerem Wachstum, ergibt sich durch die Zinsen. Es ist an der Zeit, dass ihr diese Zusammenhänge erkennt und verändert.

Babys, Abtreibung und Schwangerschaft

Frage: *Wie integriert sich die Seele in einen neuen Babykörper?*

Konfuzius

Nun zuerst gibt es die Verabredung zwischen der inkarnationsbereiten Seele und den künftigen Eltern über die Traumebene. Im Moment der Zeugung wird die Seele vollautomatisch angezogen und knüpft eine Verbindung zum Embryo. Vollständig „einziehen" tut sie meist erst gegen Ende der Schwangerschaft, aber es gibt einen Rhythmus, der sie in regelmäßigen Abständen anzieht und ihre Anwesenheit beim künftigen Körper erfordert. Dieser Rhythmus ist vergleichbar mit euren Schlafphasen, auch da kehrt der Traumkörper ca. alle 90 Minuten zum physischen Körper zurück. Ihr werdet kurz wach, dreht euch im Halbschlummer auf die andere Seite und schlaft wieder ein. Unmittelbar vor der Geburt oder auch erst danach integriert sich in diesen kleinen Körper die emotionale und mentale Essenz. Das sind die Erfahrungen, Erkenntnisse und geistigen Wertvorstellungen, die die Seele aus früheren Leben mitbringt. Der Bewusstseinsstand, mit welchem sie ihr früheres Leben beendet hat, und auch Erfahrungen und Kurse, die zwischen den Inkarnationen auf feinstofflicher Ebene besucht wurden, werden über die offenstehende Fontanelle in das Chakrensystem des Neugeborenen eingespeist.

Dieser Prozess und die damit verbundene intensive Beziehung zum Hohen Selbst dauern etwa ein Jahr, dann schließen sich die Schädelknochen des Kindes allmählich.

Außerdem können Babys und Kleinkinder ihre geistigen Geschwister und das Hohe Selbst sehen. Wenn ihr sie beobachtet, zeigen sie es deutlich. Wohingegen sie in der ersten Zeit ihre physischen Eltern weniger durch die Augen wahrnehmen. Es dauert eine gewisse Zeit, bis sich die Augen an eure Schwingungsfrequenz anpassen. Sie nehmen zu Anfang eher das Hohe Selbst, die geistigen Freunde und Geschwister, die sie besuchen kommen, wahr. Nach einer Zeit dehnt sich das aus auf die physische Realität und sie sehen etwa bis zu einem Jahr beides gleichmäßig.

Danach geht dieses Sehen in feinstoffliche Bereiche allmählich verloren, Kleinkinder haben es phasenweise noch. Aber es wird dann meist weniger.

Zum Teil auch dadurch, dass die Eltern bemerken, dass ihre Kinder Dinge wahrnehmen, die für sie nicht existent sind, und darauf mit Angst reagieren. Die Kinder nehmen solche Gefühle wahr und neigen dann eher dazu wegzusehen.

Frage: Was geschieht mit der Seele, wenn jemand ein Kind abtreibt?

Konfuzius

Wenn ihr gestattet, würden wir gern mit der Antwort etwas weiter ausholen; denn, wenn jemand ein Kind abtreibt, setzt das voraus, dass zuvor eine Schwangerschaft stattgefunden hat.

In dem Moment, in dem eine Frau schwanger wird, empfängt sie aus einer anderen Ebene eine Seele. Und diese Seele trifft wie ein Lichtstrahl in sie hinein. Es gibt Frauen, die dieses bemerken, aber das ist nicht die Regel.

Wenn sich nun eine solche Schwangerschaft ereignet hat, liegt dieser zugrunde, dass es im Seelenplan der Mutter oder der Eltern vorgesehen ist, dass sie ein Kind bekommen.

Das wiederum bedeutet aber nicht, dass dieses Kind zwangsläufig ausgetragen werden muss!

Manchmal kann es geschehen, dass sich ein Kind anmeldet und die werdenden Eltern dann doch entscheiden, dass der Zeitpunkt gerade ungünstig ist.

In vergangenen Jahrhunderten kam es z. B. vor, dass Frauen viel häufiger schwanger wurden, und nicht jede Schwangerschaft wurde damals ausgetragen. Diese Unterbrechungen geschahen teilweise auf natürliche Weise, indem ein Fötus verloren ging, oder auch durch Abtreibung.

Was wir damit sagen möchten: Abtreibung gibt es nicht nur in der heutigen Zeit, sie ist so alt wie die Menschheit, es hat sie immer gegeben.

Was geschieht nun auf feinstofflicher Ebene, wenn eine Frau schwanger wird?

Sie lädt eine Seele ein, die sie aus der Verstorbenenebene kennt, in ihr zu inkarnieren, geboren und ihr Kind zu werden. Die Seele, die dann im Körper der Frau als Embryo heranwächst, kommt im Moment der Zeugung herab. Manche Frauen nehmen das wahr wie einen Lichteinschlag, sie spüren, wie ein Lichtfunke in sie eindringt, und wissen ohne jeden Zweifel, dass sie gerade ein Kind empfangen haben.

Was nun die Abtreibung angeht, so möchten wir euch sagen, dass diese ganze Aktion bei mehr Bewusstheit der Eltern weniger dramatisch ablaufen könnte.

Ihr solltet wissen, dass die Seele, die eine Verbindung zum Körper der werdenden Mutter aufgebaut hat, über Vernunft und Intelligenz verfügt! Ihr könntet mit der Seele des Kindes, auch wenn es gerade erst gezeugt wurde, in Kontakt treten. Die Seele ist zwar nicht ständig, aber häufig bei den künftigen Eltern. Sie beobachtet z. B. sehr gern die Vorbereitungen auf ihre Ankunft (Geburt).

Sehr oft macht sie den Versuch, sich den Eltern mitzuteilen, das geschieht allerdings bei den meisten über Träume.

Wenn sich nun also eine Frau oder ein Paar gegen eine bestehende Schwangerschaft entscheidet, so besteht die Möglichkeit, das Geistwesen zu rufen und ihm dieses zu erklären. Teilt es der Seele mit, die sich bei euch inkarnieren möchte! Sie würde sich dann zurückziehen, und es könnte zu einer natürlichen Unterbrechung der Schwangerschaft kommen.

Was euch daran hindert, dieses zu tun, ist eure rein biologische Ausrichtung, die die Seele ausblendet. Und wir sagen euch an dieser Stelle:

Ohne Seele keine Schwangerschaft!

Ihr könntet also mit dem Geistwesen in Kontakt treten und ihm erklären, dass es im Moment gerade zu einem ungünstigen Zeitpunkt kommt, aber in zwei Jahren willkommen wäre!

Die Seele des Kindes würde das berücksichtigen, die bestehende Verbindung unterbrechen und noch zwei Jahre warten. Manchmal gelingt das.

Einwurf: Ja, aber das weiß ja ein normaler Mensch nicht! Wenn nun die Schwangere entscheidet, sie lässt eine Unterbrechung beim Arzt machen, wird die Seele des Kindes dabei zerrissen? Trägt die Seele dabei einen Schaden davon?

Konfuzius

Wenn eine werdende Mutter entscheidet, diese Schwangerschaft unterbrechen zu lassen, dann kommt diese Entscheidung auf Seelenebene an. Was dabei zerreißt, ist die verbindende Schnur zwischen Mutter und Geistwesen. Auf physischer Ebene wird der frischgezeugte Embryo abgetrieben und auf feinstofflicher Ebene die Verbindung zwischen Mutter und Geistwesen unterbrochen. Die Seele trägt dabei keinen Schaden davon, weil sie im physischen Sinne nicht verletzbar ist.

Darüber hinaus finden auf der Traumebene Gespräche statt, die das Vorhaben ankündigen, und die Verhandlungen aller Beteiligten könnten auch in die Richtung gehen, dass die Seele des Kindes zu einem späteren Zeitpunkt wiederkommt. Aber es gibt auch Gespräche, wo eine Mutter sich dahingehend entscheidet, keine Kinder in diesem Leben zu bekommen, wobei der Kinderwunsch nachträglich aus ihrem Inkarnationsplan gestrichen wird!

Der Plan ist also veränderbar! In diesem Fall wird für das Kind (Seele) ein neuer Platz gesucht. Diese Seele inkarniert sich dann bei anderen Eltern, die vielleicht ursprünglich kein Kind geplant hatten, sich aber jetzt doch eines wünschen.

Frage: Warum haben Babys alle dieselbe Augenfarbe, wenn sie geboren werden?

Konfuzius

Es gibt da schon gewisse Unterschiede, aber wir wissen, was ihr meint. Oftmals scheint es, als hätten frisch geborene Babys alle sehr, sehr dunkle Augen, und nach einigen Tagen stabilisiert sich das in eine bestimmte Richtung.

Wenn ein Baby neu geboren wurde, zieht in den ersten Tagen die Seelenpersönlichkeit immer stärker in den neuen Körper ein. Dieser Prozess ist eine Rückanbindung an das Potential, das die Seele aus vergangenen Inkarnationen und sonstigen Erfahrungen mitbringt.

Stellt euch das so vor: Jeder Mensch hat eine sehr umfangreiche Prägung. Diese ist abgespeichert in eurem Chakrensystem und fließt durch die offenstehende Fontanelle in den Körper und die Aura des Babys ein.

Der Moment nun, wo sich die Augenfarbe stabilisiert hat, ist der, wenn die Seele das erste Mal aus dem Inneren des Körpers herausschaut, meist nach mehreren Tagen.

Frage: In der heutigen Zeit gibt es viele Paare, die Probleme haben schwanger zu werden. Woher kommt das?

Kuthumi

Nun, das kann vielfältige Ursachen haben: Einmal befindet ihr euch in einer der bevölkerungsreichsten Zeiten der Erde. Zum anderen ist auf der Seelenebene bekannt, dass es in eurer Zeit intensive Veränderungen gibt. Das hält eine Reihe Seelen davon ab, die Verantwortung auf Kinder auszudehnen. Sie sagen sich dann eher: In diesem Leben steht meine Entwicklung im Vordergrund.

Ebenso können frühere Leben eine Rolle spielen: Wenn eine Frau immer wieder den Fötus verliert und darüber hinaus Angst vor der Geburt hat, könnte die Ursache in einem früheren Leben liegen, in dem sie sehr leidvoll an einer Geburt gestorben ist. In solch einem Fall würde möglicherweise eine Rückführung helfen und der offene und ehrliche Umgang mit Ängsten.

Hinterfragt auch euren Kinderwunsch! Was ist die Absicht, die ihr damit erreichen möchtet? Kommt euer Wunsch von Herzen? Seid ihr wirklich bereit für die Verantwortung? Oder glaubt ihr, dass ihr damit eure Beziehung retten könnt? Sprecht ehrlich miteinander. Männer, die unter keinen Umständen Vater werden möchten, produzieren in den empfangsbereiten Tagen ihrer Partnerin ein zeugungsunfähiges Sperma. Das bedeutet, eure geistige Einstellung zu einem Kind hat unmittelbare Auswirkungen auf euren Körper. Seid gesegnet, das war Kuthumi.

Frage: Es gibt Menschen, die das Gefühl haben, sie seien mit dem falschem Geschlecht geboren worden. Wie ist so etwas zu erklären?

Konfuzius

Das hat mit rückliegenden Inkarnationen zu tun! Die Seele bevorzugt bei ihren Inkarnationen ein Geschlecht. Das Verhältnis zwischen weiblichen und männlichen Leben ist also nicht ausgeglichen. Das bedeutet, dass sie dann mehrmals hintereinander als Frau bzw. als Mann geboren wird.

Nun ist es aber so, dass euer Erfahrungsreichtum nicht vollständig wäre, wenn ihr nur gleichgeschlechtliche Inkarnationen hättet.

Jeder macht die Erfahrung, sowohl als Mann als auch als Frau zu leben.

Nehmen wir also an, ihr wäret zehnmal hintereinander als Knabe geboren worden und wäret in der 11. Inkarnation ein Mädchen, da kann es durchaus zu gefühlsmäßigen Anpassungsschwierigkeiten kommen. Die Seele könnte das Gefühl haben, als ob sie im falschen Körper oder mit dem falschen Geschlecht behaftet sei.

In der Kindheit und Pubertät sind solche Schwierigkeiten oft ausgeprägt, aber in vielen Fällen wachsen sie sich bis zum Erwachsenenalter aus. Es gibt natürlich auch Menschen, bei denen diese Prägung so stark ist, dass sie sich gleichgeschlechtliche Partner suchen oder auf operative Weise das Geschlecht wechseln. Bei dieser Erfahrung geht es um das Annehmen, was ist! Auch dann, wenn ihr euch zum gleichen Geschlecht hingezogen fühlt. Das wichtigste dabei sind die Liebe, die Zärtlichkeit und die gegenseitige Achtung. Seid gesegnet!

Lebenspläne

Frage: Ich habe ab und zu so phantastische Vorstellungen, was ich gern in meinem Leben noch tun würde. Diese Ideen verfolgen mich permanent, aber irgendwie fehlt mir der Mut, sie zu verwirklichen. Kannst du dazu etwas sagen?

Konfuzius

Seid gesegnet und seid in der Liebe, das ist Konfuzius! Wir beglückwünschen dich zu deinen phantastischen Ideen und wünschen dir von Herzen, dass du sie verwirklichst! Es ist auch nicht so, dass du der einzige Mensch auf der Erde bist, der brillante Zukunftsvisionen mit sich herumträgt und an der Verwirklichung zweifelt. Du befindest dich in zahlreicher Gesellschaft!

Doch nun möchten wir euch gern erklären, worum es dabei geht: Ihr alle habt, bevor ihr in dieses Leben gegangen seid, euch Pläne davon gemacht. Und diese Pläne sind in eurem Inneren wie Blaupausen in Form von Erinnerungen und Wunschvorstellungen vorhanden! Und zwar in jedem von euch!

Ihr geht ja, wenn ihr geboren werdet, durch den Kanal des Vergessens, aber die Pläne für dieses Leben sind in eurem Inneren zugänglich. Es sind die kühnsten Visionen von dem, wer ihr seid und was ihr tun möchtet! Ihr habt euch alle Ideal-Lebenspläne ausgearbeitet, über Erfahrungen, die ihr machen wolltet, und künstlerische Talente, die ihr umsetzen wolltet. Diese Idealpläne habt ihr gemeinsam mit eurem Hohen Selbst erarbeitet und sie wurden eurem Inneren in Form von Wünschen eingeprägt.

Eingeprägt wie eine breite Straße, die ihr entlangfahren wolltet.

In der Realität ist es manchmal so, dass ihr konfrontiert werdet mit kollektiven Überzeugungen und einschränkenden Prägungen, und das alles könnte euch dazu bewegen, nicht eure Straße zu fahren, sondern eine kleine Parallelstraße.

Ihr könntet dabei euer ursprüngliches Anliegen, warum ihr auf diese Erde gekommen seid, aus den Augen verlieren und ein Leben leben, das euch wenig Spaß macht und das ihr als enttäuschend empfindet.

Manchmal geschieht es, dass ihr fluchtartig die Parallelstraße verlasst, weil ihr instinktiv spürt: Das kann nicht alles sein, was ich erreichen kann! Und ihr wechselt in Richtung eurer Straße! Dann verlässt euch unterwegs der Mut, ihr bekommt Zweifel und ihr ordnet euch schnell wieder auf der Parallelspur ein.

Dies geschieht aus zweierlei Gründen: Das neue Ziel ist noch zu unklar, oder ihr könnt die alten Sicherheiten nicht loslassen! Es gehört Mut dazu und der feste Wille! Halbherzige Fluchtwünsche führen gewöhnlich nicht zum Ziel!

Aber seid euch bewusst, ihr werdet euer ganzes Leben lang in Blickkontakt mit eurer ursprünglichen Straße sein, und von dieser Fahrspur geht etwas Magisches aus, das euch stets daran erinnert, was ihr tun wolltet!

Für diejenigen unter euch, die keine Erinnerungen oder Wunschträume in sich spüren, würden wir gern folgende Übung zum Freilegen der Lebenspläne geben:

Fühlt in euch hinein! Es gab in eurer Vergangenheit Momente, Themen, Situationen, wo ihr energetisch unter Strom gestanden habt und aufgeladen wart mit freudiger Energie. Erinnert euch, was war damals? Wie habt ihr euch gefühlt? Was war im Äußeren? Was hat euch wirklich Spaß gemacht?

Jeder von euch hat in seinem inneren Erleben Träume, Visionen und Vorstellungen, wie sein persönliches Idealleben auszusehen hat!

Manchmal habt ihr in eurer Jugendzeit verträumt in die Wolken geschaut und euch grandiose Vorstellungen vom Erwachsenenleben gemacht. Prüft diese Visionen! Welche Pläne sind heute noch energetisch spürbar? Welche Träume konntet ihr nie vergessen?

Fühlt euren Visionen nach! Welche sind heute noch lebendig?

Viele von euch lieben künstlerische Freizeitbeschäftigungen, bei denen sie total die Zeit vergessen, wo sie mit sich und der Welt im Einklang sind, in vollkommener Harmonie und Begeisterung.

Euer ursprünglicher Plan, das ist der Wunsch, der nicht verloren geht und euch ein Leben lang verfolgt!

Und wir möchten euch auch nicht verschweigen, dass die breite Masse der Bevölkerung, besonders in den Industrieländern, auf einer Parallelstraße unterwegs ist. Ihr lebt nicht das Leben, welches ihr ursprünglich geplant hattet!

Ihr tut es aus Angst, und die Schuld dafür schiebt ihr auf eure Eltern ab. Ihr bildet euch ein, wenn die Umstände eurer Geburt günstiger gewesen wären, wenn die Sterne in einer anderen Konstellation gestanden hätten, dann würdet ihr jetzt euer Traumleben leben!

Es liegt an allem anderen, nur nicht an euch!

So schlagt ihr die Jahre tot. Die Unzufriedenheit lässt euch früher altern, krank werden und dann verabschiedet ihr euch vor der Zeit. Dann kommt ihr in den jenseitigen Bereich und entdeckt auf einmal tausend Möglichkeiten, wo ihr hättet wechseln können.

Aber ihr habt es nicht getan, weil ihr zu feige wart zu handeln!

Auf diese Weise verhalten sich arme, bedauernswerte Opfer, aber keine Schöpfergötter!

Habt ihr dazu noch Fragen?

Frage: Das war ziemlich direkt. Ich traue mich jetzt kaum noch zu fragen, ob wir auch von unserer Straße abgewichen sind oder ob wir jetzt wieder näher dran sind?

Konfuzius

Es würde euch wenig helfen, wenn wir euch die Unwahrheit sagen würden!

Ihr seid von eurem Plan abgewichen, aber eure Visionen werden immer klarer. Was jetzt noch fehlt, ist der Mut zur Umsetzung! Ihr alle verfügt über Vorstellungen und Ideen, wie euer Leben idealerweise auszusehen hätte, und ihr erschafft euch tausend Ausreden, warum es jetzt gerade nicht möglich ist. Das ist bei großen Teilen der Bevölkerung so!

Aber es gibt auch noch eine gute Nachricht: Das wird sich in den nächsten Jahren ändern!

Es kommt noch mehr Material zu diesem Thema. Seid gesegnet, das war Konfuzius.

Frage: Woran erkennen wir nun, dass wir nicht unserem ursprünglichen Plan folgen?

Kuthumi

Seid gesegnet und seid in der Liebe, das ist Kuthumi. Dieses erkennt ihr sehr deutlich an euren Gefühlen! Wenn ihr verbunden seid mit euren Gefühlen, wenn sie stimmig sind und nicht total verdrängt, dann spürt ihr in jeder Situation, wie ihr euch gerade fühlt.

Und ihr kennt alle das Gefühl der Freude, der Begeisterung, der Ausdehnung, und ihr kennt auf der anderen Seite das Gefühl der Begrenzung, der Enttäuschung und das Gefühl, dass die Zeit irgendwie herumgehen sollte. Das sind diese beiden dualen Gefühle, die euch anzeigen, ob ihr auf eurer Straße fahrt oder auf einem Parallelweg unterwegs seid!

Wenn ihr nun festgestellt habt, dass ihr euch in einer Situation befindet, mit der ihr unzufrieden seid und das Gefühl habt, fehl am Platze zu sein, dann ist es nicht unbedingt weise, alles sofort hinzuwerfen.

Orientiert euch erst einmal: Wo sind meine Stärken? Wobei fühle ich meine Begeisterung? Bei welchen Beschäftigungen wachse ich über mich selbst hinaus? Welche Talente von mir sind so ausgeprägt, dass ich mich vollkommen dabei vergessen kann? Bei welchem Tun komme ich in ein Gefühl der Einheit mit allem, was ist? Wann fühle ich mich ganz und rundum zufrieden?

Das Gefühl zeigt euch an, bei welchen Tätigkeiten ihr vom Geist beseelt seid, und dort ist euer Weg!

Bei welchen Beschäftigungen seid ihr stolz auf die Dinge, die ihr getan habt?

Fördert diese Tätigkeit und schaut, wie ihr es so ausarbeiten könnt, dass es euch zu einem zweiten Standbein gereicht.

Viele von euch haben Talente, haben Hobbys, tragen alte Vorstellungen mit sich herum von Dingen, die sie gern hätten tun wollen. Es gibt unter euch Hobbymusiker, künstlerisch veranlagte Menschen, Maler, brillante Bastler, begabte Heiler, begnadete Lehrer, unbekannte Schriftsteller und grandiose Erfinder!

Seid euch bewusst, dass ihr besondere Talente habt, und diese wollen gelebt werden! Die Talente sind es, die euch die Begeisterung bringen und euch den Spaß am Leben bescheren.

Wir sagen nicht, dass ihr alle eure Sicherheiten über den Haufen werfen sollt. Schafft euch Raum und Zeit für die Dinge, die euch begeistern und wirklich am Herzen liegen!

Und wenn ihr spürt, euer Talent ist so weit fortgeschritten, dass ihr damit andere begeistern könntet, dann führt es in eurem Freundeskreis vor, macht es in eurem Bekanntenkreis publik. Tauscht euch aus! Geht schrittweise damit in die Öffentlichkeit.

Wenn die Zeit reif ist, werdet ihr damit euren Lebensunterhalt verdienen.

Übt eure Talente nicht nur still und heimlich. Teilt sie mit euren Freunden und Bekannten, denn der Schritt in die Öffentlichkeit ist ein gewaltiger. Übt das mit Menschen, denen ihr vertraut.

Seid gesegnet und seid in der Liebe, das war Kuthumi.

Der Umgang mit Herausforderungen eurer Zeit

Frage: Ich habe manchmal spirituelle Probleme und weiß nicht, woran es liegt. Vor kurzem war ich eine Woche verreist, und da ging es mir richtig gut. Meine Probleme werden manchmal so schlimm, dass ich davon Kopfschmerzen bekomme! Was kann ich nur tun?

Konfuzius

Liebe..., du wertest sehr oft und sehr rasch! Das Ganze ist ein Entwicklungsprozess, der bei allen Menschen ansteht! Es ist so: Ihr befindet euch gerade in der turbulentesten Zeitebene, die die Erde zu bieten hat. In eurer Zeitebene gibt es sehr viele Turbulenzen und gewaltige Veränderungen. Der Andrang von Seelen, die sich wünschen, in eurer Zeitebene zu inkarnieren, ist sehr groß, aber es werden nur die zugelassen, die Aussichten haben, diese Schwingungserhöhung zu verkraften. Durch die Anpassung der Schwingung an das Paralleluniversum gibt es auf der Erde gravierende Umwandlungen.

Diese Veränderungen kommen energetisch von außen auf die Erde zu, und jeder einzelne Mensch ist, wie ihr sagen würdet; „gezwungen", an sich zu arbeiten. Das ist ein sehr, sehr umfangreicher Prozess!

Bei dieser Verwandlung werden aus Menschen bewusst handelnde Schöpfergötter!

Jahrhunderte lang war euer Planet in einer eher niedrigen Schwingung und die Bewohner hatten größtenteils ein einfaches Niveau. Ihr entfernt euch schwingungsmäßig sehr weit von der göttlichen Quelle, von allem, was liebevoll, freudig und schön ist.

Und nun kommt in eurer Zeitebene die Schwingungserhöhung: Ihr werdet aus dem Kontext der Unwissenheit und Abtrennung von euch selbst herausgerissen. Und dieses verarbeitet jede einzelne Person für sich selbst anders.

Es gibt Menschen, die vorrangig körperliche Probleme haben, es gibt wieder andere, die vorrangig psychische und emotionale Probleme haben, und dann gibt es Menschen, die vorrangig geistige Probleme haben, wo sich dieses im Verstand abspielt.

Jede einzelne Person durchläuft einen Prozess intensivster Umwandlung.

Die Auswirkungen der Veränderungen, die euch über Nachrichten und Medien zugehen, erscheinen euch oft bedrohlich und nähren bei denen, die sich noch keinen größeren Überblick verschafft haben, die Angst.

Ihr geht durch Prozesse, wo ihr sehr intensiv mit euren Ängsten konfrontiert werdet, und ihr arbeitet euch auf einen Zustand hin, wo ihr Liebe, Ausgeglichenheit und Lebensfreude entwickelt.

Es ist nur natürlich, dass ihr aus dieser Entwicklung gelegentlich herausfallt und wieder von euren Ängsten und persönlichen Verstrickungen eingeholt werdet, welche dann vorübergehend eure Energien gefangenhalten.

Das ist die Umwandlung, durch die die Menschheit geht, und sie ist überaus intensiv.

Es kann sich auch niemand, der sich in eurer Zeitebene befindet, dieser Entwicklung entziehen!

Ihr werdet immer wieder Phasen erleben, wo ihr spürt: Jetzt wird es leichter, ihr fühlt euch ausgeglichener, und dann kommt eine neue Energiewelle, die in euch hineingeleitet wird. Ihr bekommt immer soviel Energie, wie ihr fähig seid, zu verarbeiten und umzusetzen. Bis sich dieser gesamte Komplex, den ihr zu Anfang mental aufnehmt und instinktiv als wahr erkennt, in eurem Alltag in klare Handlungen umsetzt und segensreich für euch wird, das dauert seine Zeit.

In eurer Zeitebene befinden sich sehr viele Menschen, und viele haben den Wunsch, sich in dieser Zeit zu inkarnieren, weil – so turbulent es auch zugeht – sie es ermöglicht, so gewaltige Entwicklungsschritte zu machen.

Stellt euch vor: Ihr seid bis zu diesem Zeitpunkt Menschen gewesen, die größtenteils nach Schema F reagiert haben, die alles für bare Münze genommen haben, was von außen auf sie zukam und gefordert wurde. Zum Teil habt ihr wie Roboter reagiert, ohne euch die Frage zu stellen: Ist das jetzt wirklich dienlich, oder gäbe es auch noch eine andere Möglichkeit?

Ihr seid in den Krieg gezogen, auch dann, wenn es eurem inneren Gefühl widerstrebt hat.

Ihr habt euch als Opfer erfahren, ohne das Bewusstsein zu entwickeln, dass es eure eigenen Gedanken und unterdrückten Energien sind, die euch das erfahren lassen. Und nun brechen all diese alten Strukturen auf, und ihr könnt das Neue noch nicht klar erkennen, ihr sucht nach Sicherheiten, nach Strohhalmen, an die ihr euch klammern könnt, fast wie Ertrinkende. Aber diese Zeitebene birgt auch ganz gewaltige Entwicklungsschritte, auch das möchten wir euch sagen:

Ihr macht jetzt Entwicklungssprünge, wie ihr sie in 20 vergangenen Leben nicht annähernd gemacht habt! Und das macht diese Zeitebene so begehrenswert! Weil ihr dabei Schritte in eurer Entwicklung nach vorn tut, die geradezu gigantisch sind. Ihr habt alle die Chance, das Leben zu meistern und euren Inkarnationszyklus zu beenden!

Wir sind alle stolz auf euer Vorwärtskommen!

Vielleicht wäre es von Vorteil, wenn ihr manchmal zurückschauen würdet. Ihr befindet euch im Moment in der derzeitigen Situation und hadert mit bestimmten Kleinigkeiten, aber schaut auch einmal zurück, wie euer Bewusstsein vor 10 oder 20 Jahren ausgerichtet war. Nehmt wahr, was euch alles bewusst geworden ist und wie weit ihr euch entwickelt habt!

Es ist vollkommen normal, dass ihr bei diesem Prozess in Turbulenzen geratet, und ihr dürft euch dann auch Hilfe rufen. Wir fordern euch auf, dann nach Hilfe zu rufen!

Es ist die Aufgabe der Aufgestiegenen Meister und Erzengel, euch dann beizustehen, wir helfen euch gern, wenn ihr uns beauftragt.

Unsere Hilfe sieht so aus, dass wir euch aus der derzeitigen Verfassung herausholen und in einen Zustand des Friedens mit allem, was ist, versetzen. Aber erwartet nicht, dass dann jegliche Probleme für alle Zeit verschwunden sind. Eure Entwicklung läuft noch weiter, ihr seid noch nicht am Ende des Wandlungsprozesses!

Habt ihr dazu noch Fragen?

Frage: Was tue ich denn, was diesen Schmerz in meinem Kopf auslöst?

Konfuzius

Liebe…, Schmerz sagt in deinem Falle aus, dass du dich selbst bestrafst. Schmerz ist immer eine Form der Selbstbestrafung, der Selbstverleugnung, der Verleugnung der eigenen Göttlichkeit, der eigenen Schöpferkraft, der inneren Lebenskraft und Bestrafung in Form von Selbstbeschimpfung. Auch das Hineinsteigern in Dramen, die gerade durch eure Medien rollen, tut euch nicht gut! Überzeugungen, die besagen:

Ich kann das nicht! Ich bin unfähig und nicht gut genug! Ich bin nicht weit genug! Mein Leben wird immer unsicherer!

Diese inneren Dialoge lösen Probleme aus! Oft haben Schmerzen auch etwas mit Schuldgefühlen zu tun.

Werde dir bewusst, was du denkst! Werde dir bewusst, wie du beim Denken wertest! Du musst überhaupt nichts tun! Du musst nichts im Außen veranstalten, um dich jemandem zu beweisen! Höre auf, dich unter spirituellen Leistungsdruck zu setzen und dann abzuwerten!

Bemerkung: *Ja, das stimmt. Ich denke manchmal, dass ich schon viel weiter sein müsste, und werte mich dann tüchtig ab. Wenn ich die Aufgestiegenen Meister rufe, könnt ihr das dann nicht aus mir herauslösen?*

Konfuzius

Es bleibt dir nicht erspart, dich deiner Gedanken selbst anzunehmen! Werde dir bewusst, was du gerade denkst, was du dir innerlich sagst!

Sinngemäß läuft das folgendermaßen ab: Du tust etwas und bist mit der Handlung unzufrieden, daraus entsteht Wertung – Abwertung. Du urteilst in Gut und Böse, in schlecht und gut gemacht.

Das tust du, indem du dir innerlich sagst: Das hat wieder nicht geklappt! Ich stelle mich immer ungeschickter an! Dein Emotionalkörper schickt dir die passenden Gefühle. Und nun kommst du zu der Überzeugung: Ich bin zu dumm dazu! Ich werde es nie lernen!

Daraus wiederum manifestierst du deine Zukunft. Da du der Überzeugung bist, dass du es nicht kannst, wirst du dich in deinem Alltag bei bestimmten Handlungen ungeschickter anstellen. Damit ist der Kreislauf komplett. Hast du diesen Kreislauf erst eine Weile gelebt, wirst du dazu neigen, den Schurken für dein Elend im Außen zu suchen. Wobei sich dein innerer Kreis-

lauf auf außen ausdehnt und immer größere Kreise zieht.
Werde dir deiner Gedanken bewusst und lerne umzudenken.
Das ist wichtig!

Frage: Und wie kann ich das am besten tun?

Konfuzius
Indem du deine Gedanken beobachtest! Wenn du dich selbst
dabei ertappst, dass du gerade schlecht von dir denkst, dann
stoppe sofort diese Gedanken!
Und frage dich: Ist das wirklich eine Tatsache, die ich als
schöpferischer Mensch manifestieren möchte?
Werde dir deiner Schöpferkraft bewusst, deiner Möglichkeit zu
manifestieren! Werde dir bewusst, dass deine Gedanken und
Abwertungen automatisch Realitäten hervorbringen! Werde dir
bewusst, was du tust, was du denkst, was du mit deiner Wertung anfängst, und dann steuere gegen!
Du hast bei allen Dingen, die du erlebst, die Möglichkeit, sie
positiv oder negativ zu bewerten.
Sei dir auch bewusst, dass du dich mit deiner Bewertung entweder auf die Seite der Optimisten oder der Pessimisten begibst!
Beide Seiten sind Illusionen, die du in dir erschaffst!
Der spürbare Unterschied ist: Die eine Energie fließt leichtfüßig
und prickelnd, die andere träge und bedrückend.
Stoppe diese Wertungen und frage dich: Ist das meine höchste
göttliche Aussage über mich selbst? Und möchte ich diese manifestieren? Und wenn du dann zu der Erkenntnis kommst, dass
du es nicht möchtest, dann denke um!
Das ist wichtig! Dann werden auch die Schmerzen verschwin-
den.
Deine Schmerzen haben etwas mit Abwertung zu tun, mit
Druck, unter den du dich setzt, und mit Selbstbeschimpfung!

Durch die Schwingungserhöhung auf der Erde nimmt jeder Mensch erhöhte Energie auf, aber diese erhöhte Energie verlangt auch ein hohes Bewusstsein! Ein Bewusstsein, welches sich bewusst ist, dass es über Macht verfügt, dass es über Weisheit, über Manifestationsmöglichkeit, über göttliche Energie verfügt und damit etwas Brillantes ist!

Das hat auch sehr stark mit dem Selbstwert zu tun. Diese Energie verlangt, dass ihr eure Opfergedanken abschüttelt und euch in eurer Göttlichkeit aufrichtet!

Dass ihr Götter werdet, die handeln, die ihre Gedanken und Gefühle selbständig wählen und ausrichten.

Im Moment hat es manchmal den Anschein, als wäret ihr Götter, die gerade mit dem Schuhabsatz im Rinnstein hängengeblieben sind und daran herumreißen und zetern und schreien.

Auch das ist eine Phase, die vorübergeht! Seid euch dessen bewusst!

Die allerwichtigste Aufgabe, die jeder Einzelne von euch hat, ist die Umsetzung der Energien in Form von Bewusstwerdung, die Transformation zu einem göttlichen Menschen! Das ist eure allererste Aufgabe! Das ist das Wichtigste, und erst danach kommt alles andere!

Es ist ein sehr intensiver Prozess, und vor allen Dingen geht es darum, dass ihr aufhört zu werten! Dass ihr aufhört, euch selbst und andere abzuwerten und in eine Hierarchie einzustufen. Viele unbewusste Menschen verbringen ihr Leben mit Jammern oder Schuldzuweisungen. Es geht darum, dass ihr lernt, mit diesen Energien, die immer mehr erhöht werden, schöpferisch umzugehen.

Ihr seid alle Anwärter für die Aufgestiegenen Meister und diese Schulung, in der ihr euch gerade befindet, ist sehr, sehr intensiv. Aber ihr dürft auch einsehen, dass wir keine jammernden, ohnmächtigen Götter gebrauchen können!

Ihr durchlauft diesen Prozess jetzt und seid euch gewiss, dass ihr es schaffen werdet! Ihr alle werdet diese Schulung schaffen! Seid gesegnet und seid in der Liebe, seid in der Zuversicht und nehmt eure Göttlichkeit an! Ihr seid alle hervorragend, das möchten wir euch sagen. Ihr seid gut vorangekommen und werdet auch den Rest noch schaffen.

Wir sind stolz auf euch und segnen euch. Das war Konfuzius.

Die Illusion von Gut und Böse

Kuthumi

Seid gesegnet und seid in der Liebe, das ist Kuthumi.

Heute geht es um die Erkenntnis von Gut und Böse. Ihr kennt alle das Prinzip der Wertung, und es findet in eurem Denken statt, und es findet weit intensiver in eurem Denken statt, als euch das bewusst ist! Es geht mit ganz kleinen Dingen los: Indem ihr bestimmte Personen als gut oder als schlecht bezeichnet, oder indem ihr Situationen als nützlich oder verwerflich bewertet.

Erkennt ihr darin das Prinzip der Dualität?

Ihr treibt das Spiel der Bewertung so weit, dass ihr Energien erschafft und etikettiert als „Götter" und „Teufel" – ihr teilt die Welt in lichtvolle und nichtlichtvolle Wesen.

Die Basis für dieses Spiel sind eure Gedanken. Ohne Kategorisierung, ohne Dualität, ohne Wertung in euren Gedanken wären eure Erfahrungen nicht machbar! Eure Gedanken stehen dabei an erster Stelle!

Durch eure Gedanken erschafft ihr euch ein Bild von der Welt, wie sie eurer Meinung nach ist. Dieses Bild sendet ihr über eure Aura aus.

Dazu ein Beispiel: Angenommen, ihr haltet die Welt für gefährlich und seid der Meinung, dass euch das Leben betrügt. Ihr strahlt diese Überzeugung aus, es ist sozusagen eure Saat. Was glaubt ihr, was ihr dabei erntet?

Ihr erntet gefährliche Situationen und werdet fortlaufend betrogen und tut euch mit Menschen zusammen, die derselben Meinung sind. So bekommt ihr eine Bestätigung eures Weltbildes!

Bemerkung: *Ich bin ganz erstaunt, wie du das gerade erklärt hast, mit dem Gut und dem Böse und dem Beurteilen der anderen Menschen, dass das schon seit Urzeiten so ist. Das ist mir bisher nicht zu Bewusstsein gekommen. Demnach hat es ja schon bei Adam und Eva angefangen und ist schon so alt. Ich glaube, das muss ich erstmal verdauen.*

Kuthumi

Da hast du recht! Das Spiel von Gut und Böse hat begonnen im Moment der Entstehung des Dualen Universums. Das bedeutet aber nicht, dass ihr ewig daran kleben bleiben müsst. Bearbeitet das „Gut" und „Böse" in eurem Inneren, in euren Gedanken, Bewertungen und Beurteilungen.

Nehmt den Teil von euch, den ihr als „schwach" etikettiert, liebevoll an. Liebt eure „Mängel" und den „Teufel" in euch, so könnt ihr sie auflösen. Fragt euch selbst nach der Dienlichkeit dieser Überzeugungen? Und ob sie wirklich eure höchste Wahrheit präsentieren? Das ist der Anfang!

Frage: *Du hast vorhin gesagt, wenn wir die Welt für gefährlich halten, dann strahlt sich das in unsere Aura aus und wir ernten gefährliche Situationen. Wie können wir da gegensteuern?*

Kuthumi

Erschafft euch daheim einen Ort des Friedens! Einen Ort der Klarheit, der Liebe und Harmonie. Sorgt für euch selbst! Wir wissen, dass es heute nicht immer einfach ist, die positive Orientierung zu halten. Ihr benötigt zu Hause einen Ort des Rückzugs, der frei von Stress und Leistungsdruck ist. Erschafft ihn euch! Umgebt euch mit geliebten Gegenständen, pflegt eure Hobbys und seid gütig zu euch selbst! Jeder von euch spürt, bei welchen Beschäftigungen seine Seele sich nährt. Seid kreativ! In der Kreativität steckt eine tiefe seelische Befriedigung. Damit stärkt ihr euer inneres Gleichgewicht. Verbindet euch möglichst täglich mit eurem göttlichen Hohen Selbst und achtet auf eure Gedanken!

In den ersten 10 Minuten eines neuen Tages manifestiert ihr mit euren Gedanken den inneren Zustand. Sorgt dafür, dass es freundliche, zuversichtliche Monologe sind, mit denen ihr den Tag beginnt. Eure Gedanken waren nie machtvoller, als sie es heute sind!

Frage: Demnach stehen die Gedanken doch über allem?

Kuthumi

Ja. Es heißt nicht umsonst: Am Anfang war das Wort und das Wort war bei Gott!

Das bedeutet: Alles, was ihr sagt, denkt und in eurem Inneren in Szene setzt, verfügt über die göttliche Zauberkraft der Manifestation. Ihr erntet das, was eure Gedanken aussäen! Werdet euch dieser Macht bewusst! Sie ist ein Hauptgrund für das derzeitige Chaos in eurer Welt. Aber ihr könnt euch jederzeit eine eigene, friedvolle, von Zuversicht genährte Welt in eurem Inneren erschaffen.

Wir möchten euch gern noch auf ein weiteres Phänomen im Zusammenhang mit der Illusion von Gut und Böse aufmerksam machen:

Manche Menschen haben in sich die feste Überzeugung, dass es lichtvolle und nichtlichtvolle Wesen gibt. Und dieser Glaubenssatz strahlt aus in eure Aura und erschafft Realitäten – Erfahrungsmöglichkeiten, wenn ihr so wollt.

Wenn sich nun eure Schwingung, aus welchen Gründen auch immer, nach unten bewegt, seid ihr in der Lage, manipulative Botschaften zu empfangen und auch „Angriffe" zu erfahren.

Und wir sagen euch an dieser Stelle, dass alles, was existiert, *lichtvoll* ist!

Dieses gesamte Universum wurde geboren aus dem ***Licht!*** Alles, was existiert, ist *lichtvoll!*

Euer gesamtes Duales Universum hat sich dafür entschieden, diesen Erfahrungsweg zu absolvieren, es war euer Wunsch! Und es gibt darin keine negativen nichtlichtvollen Wesen – es sei denn, ihr nehmt an, dass es so ist! Alle Bewusstseinsfunken, die sich hier ansiedeln, kommen aus derselben ***göttlichen*** Quelle und diese Quelle ist ***Licht!***

Verdrängte Gedanken
und die innere Stimme

Kuthumi

Seid gesegnet, das ist Kuthumi. Wir hatten euch vorhin erklärt, wenn ihr die Welt für gefährlich haltet, sendet ihr diesbezügliche Erwartungen aus, und eure Schöpfermacht erfüllt euch euren Glauben. Viele von euch neigen dazu, angstbeladene Gedanken möglichst rasch wegzuwischen, so nach dem Motto: Das kann ich jetzt überhaupt nicht gebrauchen!

Wir möchten diesmal eure Aufmerksamkeit auf die verdrängten Gedanken lenken. Sie sind ein Schlüssel für eure Zukunft. Ihr neigt deshalb dazu, unangenehme Gedanken schnell auf die Seite zu wischen, weil ihr die damit verbundenen Gefühle fürchtet. Es gibt einen Weg, um zu erkennen, welche Überzeugungen und Ängste ihr in euch tragt.

Stellt euch die Frage:

Was ist meine persönliche Meinung über das Leben, die Zukunft und die Welt?

Es ist uns bewusst, das diese Frage herausfordernd ist und das ist auch beabsichtigt.

Vielleicht erscheint es euch, als ob ihr die „Büchse der Pandora" geöffnet habt, wenn ihr euch diese Frage beantwortet. Alles, was ihr bisher mühsam unten gehalten und verdrängt habt, kommt plötzlich ans Licht. Eine Flut von Ängsten und Unsicherheiten überrollt euch. Da ihr aber nun wisst, dass ihr Schöpfergötter seid und dieses „verdrängte Gebräu" eure Zukunft mitgestaltet, kann Verdrängen nicht die Lösung sein. Schaut euch an, was da ist! Sprecht über jeden einzelnen Punkt, der mehr als dreimal in euren Gedanken auftaucht, mit einem Freund oder einer Freundin.

Macht euch gegenseitig in Gesprächen liebevoll darauf aufmerksam, was ihr denkt und gestattet euch gemeinsam darüber zu lachen! Der Humor entschärft die Situation. Ihr schüttelt damit die Starre und Ausweglosigkeit ab und euer Geist wird für Lösungen empfänglich. Damit könnt ihr eure Zukunft verändern. Bei euch selbst habt ihr oft einen blinden Fleck, aber im Gespräch mit anderen tut ihr großzügig eure Meinung kund. Macht euch gegenseitig darauf aufmerksam. Das wäre sehr hilfreich!

Wer über keine Freundin verfügt, mit der er sich austauschen kann, könnte das Ganze auch schriftlich aufarbeiten. Schreibt eure Ängste auf und bittet eure innere Stimme, die Rolle der Freundin zu übernehmen. Ihr werdet erstaunt sein, wie einfach es ist, diese Antworten zu empfangen. Ihr seid geistige Wesen und als diese wird euch die Medialität in die Wiege gelegt. Findet diese innere Stimme der Weisheit in euch! Sie kann euch in jeder Lebenssituation helfen. Probiert es aus!

Frage: Das hört sich sehr interessant an! Ich würde gerne die schriftliche Form ausprobieren. Zwar habe ich eine Freundin, mit der ich über solche Dinge spreche, aber sie ist auch nicht immer verfügbar. Auf was muss ich achten, wenn ich diese Aufarbeitung schriftlich machen möchte?

Kuthumi

Schaffe dir als erstes eine Liste, auf der du deine negativen Gedanken, Ängste, Vorstellungen und Visionen notierst. Die Themen, die mehrfach auftauchen, solltest du als erstes bearbeiten. Die meisten bewussten Menschen haben nur zwei bis drei Punkte, die ihnen Unbehagen bereiten und die sie verdrängen.

Wähle ein Thema aus und beschreibe in deinem Tagebuch klar und ehrlich deine Gedanken, Befürchtungen und Gefühle. Dir werden dabei automatisch Fragen in den Sinn kommen und diese Fragen kommen von deiner inneren Stimme, oder anders ausgedrückt, von deinem Hohen Selbst. Es wird dich möglicherweise anleiten, deinen Blickwinkel zu wechseln oder dir Erklärungen zuteil werden lassen. Wir möchten jetzt aber nicht so viel vorgeben, wie das genau abläuft. Probiert es einfach aus! Es ist leichter, als ihr glaubt!

Die Planeten des Dualen Universums

Frage: Ich möchte noch einmal auf das Thema: „Alles, was existiert ist lichtvoll!" zurückkommen. Wenn du das so darlegst, erscheint es mir durchaus einleuchtend! Aber: Als ich mit meinen außerkörperlichen Erfahrungen begonnen habe, hatte ich auch einige Zusammentreffen mit sehr eigenartigen Wesen. Es gab da welche mit einem welligen gewaltigen Hinterkopf, und es gab andere, die äußerlich normal aussahen, dafür aber sehr „sexbesessen" waren. Ich weiß mittlerweile, dass es sich um Außerirdische gehandelt hat. Aber wie soll ich die einordnen?

Kuthumi

Was nun die Wesen betrifft, die ihr oft als nichtlichtvoll bewertet, sie kommen von anderen Planeten, die sich ebenfalls in diesem Dualen Universum befinden. Genau, wie auf der Erde, gibt es auch dort einen dualen Entwicklungs- oder Erfahrungsweg. Möglichkeiten, sich selbst zu erfahren. Was für das gesamte Duale Universum gilt, sind die Gesetzmäßigkeiten und die Illusion der Trennung, das Vergessen der eigenen Göttlichkeit und gedanklichen Schöpfermacht.

Dabei ist es zweitrangig, ob sich ein Planet in der 3. Dimension, in der 5. Dimension oder in der 7. Dimension befindet! Dimensionen sind lediglich eingebaute Filter, die die Illusion der Trennung unterstützen.

Manchmal versuchte man euch das Bild zu vermitteln, dass es sich bei der Erde um ein unliebsames Kind des Universums handelt, welches in seiner Entwicklung hinterherhinkt. Das ist aus unserer Sicht nicht so!

Auch die anderen Planeten haben sich aufgrund der Dualität ein Problemnetz gestrickt; sie folgen ebenfalls einem Entwicklungsweg, und die Schwierigkeiten, in denen sie sich verfangen haben, können Ähnlichkeiten mit denen auf der Erde aufweisen, aber jeder Planet verfügt darüber hinaus über ein Problemprogramm, welches nur dort mit dieser Inbrunst geboten wird. Dazu zwei Beispiele:

Die Wesen mit dem welligen Hinterkopf kommen von den Plejaden. Sie haben sich in der heißen Veränderungsphase eine sehr militante Zivilisation aufgebaut, ihren Planeten durch Kriege fast vollkommen zerstört, und sie kontrollieren ihre Bewohner über Microchips. Ihr Planet folgt dem Spielplan der absoluten Kontrolle! Bei ihnen ist es üblich, dass jedes Kind, was geboren wird, einen Microchip unter die Haut implantiert bekommt. Darüber werden der Aufenthaltsort und sämtliche Unternehmungen kontrolliert. Das geht bis zu Kameras im privaten Wohnraum. Es gibt eine zahlenmäßig kleine Elite, die sich ein Vergnügen daraus macht die Bevölkerung zu kontrollieren. Dieses Bedürfnis verleiht ihnen die Illusion der Macht. In der heißen Phase treiben sie es soweit, dass sie Bestrafungen bei Fehlverhalten einführen, indem sie Chips herstellen, die beim Empfänger Schmerzen hervorrufen, sobald ein Impuls dafür gesendet wird. Das ist der Moment, wo die Bevölkerung aufbegehrt und sich die Microchips gegenseitig herausoperiert.

Des Weiteren gibt es im Sternbild Orion den Planeten Mardock, dessen Bewohner von euch schon als nichtlichtvoll bezeichnet wurden.

Auch der Planet Mardock besitzt so etwas wie eine Akasha-Chronik, in welcher der Spielbereich dieses Planeten aufgezeichnet ist. Die Bewohner von Mardock befinden sich ebenfalls in der Dualität; kennzeichnend dafür ist: Es gibt Frauen und Männer, Liebe und Hass, Wissen und Unwissenheit, Licht und Schatten.

Sie sind technisch sehr weit entwickelt und bewusstseinsmäßig auf einem vergleichbaren Niveau wie ihr. Die Bewohner von Mardock haben nun anhand von Gen-Experimenten die Situation auf ihrem Planeten so weit gebracht, dass sie sich von ihrem eigenen Emotionalkörper abgetrennt haben. Das ursprüngliche Ziel des Experimentes war es, eine geistig hochstehende Rasse zu züchten!

Das Experiment misslang und zerstörte den Emotionalkörper der Wesen. Die Folge davon war, dass sie zeugungsunfähig wurden.

Nach einigen Jahren kam die Angst vor dem Aussterben, und diese Angst verfolgt sie bis in ihre Träume. Was ihr alle gemeinsam teilt, das sind die Traumebene und der jenseitige Bereich. Ihr könnt also auf der Traumebene auch Wesen von anderen Planeten treffen. Sie agieren gemäß ihrer persönlichen Herausforderung und sind geprägt von ihrem Tatendrang, der auf Problemlösung ausgerichtet ist. Das animiert sie, Experimente an schlafenden Menschen zu machen, um der Bedrohung des Aussterbens entgegenzuwirken. Oder deutlicher: Die Bewohner von Mardock leben Sexualität nicht mehr als einen lustvollen, vergnüglichen Akt zwischen zwei Menschen, die die Gipfel der Leidenschaft erklimmen, sondern sind nur noch ausgerichtet auf Zeugung.

Nur werden sie die Lösung ihres Problemes nicht in dieser Richtung finden. Sie handeln aus der Angst heraus, das bedeutet nicht, dass sie böse oder nicht lichtvoll wären.

Sie sind Lichtwesen, die sich auf ihrem Entwicklungsweg verirrt haben! Sie sind vom Weg abgekommen und suchen nun in der falschen Richtung nach der Lösung ihres selbsterschaffenen Problems. Sie werden die Lösung finden, wenn sie anfangen, sich zu achten, sich selbst anzunehmen, ihren Planeten zu schätzen, und wenn sie mit ihren Gedanken in die Klarheit

kommen. Im Moment handeln sie aus geistiger Verzweiflung!
Was wir euch damit vermitteln wollten ist Folgendes: Es gibt nichts, was nicht lichtvoll ist!
Es gibt höchstens Wesen, die nicht liebevoll sind, was bedeutet, dass sie aus der Angst heraus handeln!
Jeder Planet durchläuft einen Erfahrungsweg, der von Verirrungen gekennzeichnet ist. Das gehört zum Entwicklungsspiel eures Dualen Universums – es ist ein Spiel, was ihr euch selbst erdacht und gewählt habt. Es ist ein gewaltiges Spiel!
Ihr könnt euch in diesem Spiel *verirren,* aber es gibt nichts, was ihr verlieren könntet!
Wir hoffen, dass euch diese Erklärungen weiterhelfen. Seid gesegnet und seid in der Liebe, das war Kuthumi.

Frage: Wieso hat unser Traumkörper eine Schwingung, die dem Körper der Bewohner vom Planeten Mardock entspricht?

Konfuzius

Seid gesegnet und seid in der Liebe, das ist Konfuzius.
Es gibt 11 erfahrbare Ebenen eures Dualen Universums. Darin befinden sich viele Planeten, die eine unterschiedliche Schwingung haben, und ihre Bewohner nehmen die jeweils gültige Schwingung an. Nun ist es so: Euer Traumkörper wie auch eure Seele sind in gewisser Weise flexibel, was diese Schwingung betrifft, sie können ein ziemlich breites Spektrum abdecken. Dieses könnte reichen von der vierten bis zur neunten Dimension; nur werdet ihr dann, wenn ihr euch in der neunten Dimension befindet, die zehnte möglicherweise nicht mehr wahrnehmen. Euer Traumkörper ist da äußerst flexibel und kann sich in der Schwingung der jeweiligen Umgebung anpassen. So ähnlich handelt bei euch auf der Erde das Tier Chamäleon, welches die Farbe seiner Umgebung als Tarnung annimmt.

Ebenso verhält es sich mit eurem Traumkörper, wenn ihr schlaft, und mit eurer Seele, wenn ihr auf der Verstorbenenebene verweilt! Auch da gibt es eine große Anzahl von Entwicklungsebenen, es gibt niederschwingende Ebenen, und es gibt hochschwingende Ebenen, und euer feinstofflicher Körper ist darauf geeicht, sein Pulsieren der äußeren Umgebung anzupassen.

Der Planet Mardock und seine Bewohner haben eine siebendimensionale Schwingung, eine Ebene, die von den meisten Seelen ohne Schwierigkeit wahrnehmbar ist. Das bedeutet nicht, dass sie weiter entwickelt sind. Diese unterschiedlichen Schwingungen sind Frequenzfilter – eingebaute Wahrnehmungsschranken, die die Aufgabe haben, andere physische Erfahrungsebenen auszublenden, damit ihr euch auf das Wesentliche konzentriert. Aber im feinstofflichen Bereich und auf der Traumebene wirken sie nicht! Was ihr alle gemeinsam teilt, sind der jenseitige Bereich und die Traumebene.

Aus diesem Grund gibt es auch eine große Anzahl Erdenmenschen, die sich bewusst an Träume mit Außerirdischen und Ufos erinnern. Den betreffenden Menschen würden wir vorschlagen, sich mit der Ebene der Aufgestiegenen Meister oder mit Erzengel Raphael in Verbindung zu setzen. Dies kann durch bewusste gedankliche Anrufung geschehen. Sie sollten das vergangene Geschehen schildern und eine Reinigung ihres feinstofflichen Systems bestellen. Die Reinigung erfolgt nachts auf der Traumebene. Steigert euch nicht in Bewertungen über derartige Begegnungen hinein. Ihr solltet wissen, dass ein Teil von euch seine Zustimmung zu den Experimenten gegeben hat, auch wenn euch die Beweggründe nicht bewusst sind!

Die Schwingungsfrequenz eures Traumkörpers ist also flexibel, was wiederum bedeutet, dass ihr auch in der Lage seid, bei Meditationen oder in Träumen euer Hohes Selbst, Aufgestiegene Meister und Erzengel energetisch wahrzunehmen.

Frage: *Ist diese Schwingungsfrequenz bei allen Menschen gleich und kommt jeder mit seinem Traumkörper bis in die 7. Dimension?*

Konfuzius

Es gibt da Unterschiede! Je nachdem, wie weit sich ein Mensch von seinem eigenen göttlichen Ursprung entfernt hat bzw. wie nah er daran ist, reagiert seine Schwingung, und er sucht dementsprechende Ebenen im Traum oder nach dem Tod auf! Wir hatten euch das schon einmal erklärt, wie sich das auf der Verstorbenenebene verhält. Damals hattet ihr gefragt, ob nicht alle gleich in die lichten Höhen gehen? Und wir hatten euch dazu Erklärungen geschickt. Beantwortet das eure Frage?

Antwort: *Ja! War ich schon einmal auf dem Planeten Mardock inkarniert?*

Konfuzius

Nein, nicht direkt! Du und diese Gruppe, die dort auf Mardock leben, ihr kennt euch von früheren Inkarnationen auf einem anderen Planeten. Es kam aber dann zu unterschiedlichen Interessen und einer Trennung: jene Gruppe ging nach Mardock, die Ute auf die Erde.

Jeder bewohnte Planet dieses Dualen Universums hat ein bestimmtes Programm, folgt einem ureigenen Spielplan. Und diesen Spielplan könnt ihr euch auf feinstofflicher Ebene abrufen und grobgesehen studieren, und ihr entscheidet dann: Dieser Planet interessiert mich oder auch nicht. Wie bereits erwähnt, herrscht auf den Plejaden das Problemfeld „absolute Kontrolle", auf Mardock das „Aussterben" und auf der Erde die „Gier". Ihr wählt dann sozusagen, welches Programm euch zusagt!

Die Bewohner eines jeden Planeten sehen ein wenig anders aus.

Es ist so ähnlich, wie bei euch auf der Erde Bewohner von verschiedenen Kontinenten ein anderes Äußeres aufweisen. Was glaubt ihr denn, wo das herkommt?

Keineswegs von euren unterschiedlichen klimatischen Bedingungen! Vorinkarnationen auf anderen Planeten prägen euer Aussehen. Und solltet ihr nach eurer zwanzigsten Inkarnation auf den Plejaden plötzlich keine Lust mehr auf das Kontrollprogramm haben, dann besucht ihr andere Hologrammkinos und entscheidet euch möglicherweise für eine Inkarnation auf der Erde.

Euer Denken beschränkt sich oft auf die Erde und auf Inkarnationen auf der Erde, aber es geht darüber hinaus. Dieses Lebensspiel umfasst ein ganzes Universum. Ihr kennt viele Personen, die auf anderen Planeten leben, und habt es zum Teil selbst getan.

Habgier: Du sollst nicht begehren deines Nächsten Gut!

Kuthumi

Seid gesegnet, seid in der Liebe, das ist Kuthumi. Euer Planet spielt also als Hauptproblem die Habgier durch, wie das funktioniert werden wir euch gleich erklären.

Die Erde ist ein wundervoller Planet, mit einem Kulturreichtum, der im Hologrammkino sehr anziehend wirkt! Die atemberaubenden Landschaften, die Vielfältigkeit der Natur, die verschiedenen Baustile und wie das Familienleben in den unterschiedlichen Kulturen abläuft. Die Kleidung, die Kochkunst, die Förderung der Jugend, die Hochzeitszeremonien, die Einweihungen in Lebenszyklen, die Liebe und die Achtung vor der Lebenserfahrung des Alters – all das wird im Hologrammkino zelebriert und lädt Seelen ein zu träumen.

Aber die Erde hat auch noch eine andere Seite: Machtmissbrauch, Unterwerfung, Besitz, Armut, Ausbeutung und eine krankhafte Gier nach mehr!

Schon vor der Erfindung von Banken und eures einzigartigen Finanzsystems gab es die Tendenz andere zu unterwerfen, um sich deren Besitztümer anzueignen. Eine habsüchtige, zahlenmäßig kleine Elite hat es immer wieder verstanden, den Rest der Welt auszubeuten, zu unterdrücken und selbst ein Leben in Saus und Braus zu führen. Die Herrscher der Vergangenheit sammelten um sich einen Hofstaat der Privilegierten und beschäftigten eine kleine gewaltbereite Truppe, die ihren Schutz und die Versorgung mit Lebensmitteln und Gebrauchsgütern gewährleistete. Die gewaltbereite Truppe wurde mit der Aussicht auf gesellschaftlichen Aufstieg geködert. Wer mit besonderer Brutalität das größte Raubgut einbrachte, wurde geadelt und erhielt zur Belohnung eine Burg oder ein Rittergut und war damit in der Lage, nun selbst einige umliegende Dörfer auszuplündern und eine Pacht einzutreiben. Leibeigenschaft, Sklaverei und eine große Schicht Besitzloser war die andere Seite der Medaille.

Im Mittelalter trat eine Veränderung ein: Händler entdeckten den Bedarf nach Waren und exotischen Gütern. Das Handwerk erblühte und überall entstanden Geschäfte und Produktionsstätten. Schon bald trieb sie die Frage um: Wie können wir unsere Verkaufsgüter noch preisgünstiger herstellen? Die Kinderarbeit wurde erfunden. Aufseher prügelten auf die Ungeschickten ein und befriedigten ihre Lust an ihnen. Viele starben an den Folgen dieser Behandlung.

Aber die Rechtlosen fanden Fürsprecher, es ging ein Aufbegehren durch die Bevölkerung, was zur Einführung von Gesetzen führte, die den Schutz von Leib und Leben gewährleisten sollten. Es war die Geburtsstunde der Gerechtigkeit und Demokratie und einer zivilisierten Gesellschaft.

Zünfte und Gilden entstanden. Sie hatten allerdings mehrheitlich die Aufgabe, alteingesessenen Handwerker- und Händlerfamilien ihre Privilegien und Aufträge zu sichern und unliebsamer Konkurrenz das Leben schwer zu machen.

Nach dem gleichen habgierigen Prinzip habt ihr auch eure Banken erschaffen. Sie garantieren den Wohlhabenden gigantische Zinsgewinne. Bei einem Zinssatz von 5 % verdoppelt sich alle 14 Jahre die Einlage. Die wundersame Vermehrung des Geldes funktioniert nur auf dem Planeten Erde. Und auch dort nur in der Theorie!

Um den wenigen ihre satten Gewinne zu sichern, benötigt ihr viele, die Kredite aufnehmen und sie mit Zins und Zinseszins zurückzahlen. Etwa nach der zweiten Verdopplung der Einlagen wird es für die Bank schwierig, mit herkömmlichen Krediten die Guthaben zu erwirtschaften. Dabei sieht die Kundenbilanz häufig so aus, dass 500.000 Kreditnehmer nicht in der Lage sind, den Zinsengewinn von einem Superreichen zu beschaffen. Das ist der Spielplan des Planeten Erde! Die gute Nachricht ist: Immer wenn ein Planet aufsteigt, habt ihr die Möglichkeit alle Ungerechtigkeiten für immer zu beenden!

Die Aufhebung der Polarität oder das Ende des Inkarnationszyklus

Konfuzius

Seid gesegnet, seid in der Liebe, das ist Konfuzius.

Ihr befindet euch in einem Universum der Dualität, der Polarität, der Gegensätze und der Erfahrung von Trennung. Diese Trennung ermöglicht euch, polare Erfahrungen zu machen. Ihr befindet euch in einem Körper, der entweder männlich oder weiblich ist. Wenn ihr euch ein Pendel vorstellt, was ausschlägt nach links und rechts, nach plus und minus, nach männlich und weiblich, dann liegt in der Mitte der Pendelstrecke die Androgynität, sozusagen die Aufhebung des Geschlechtes.

Habt ihr schon einmal beobachtet, wie das Pendel einer Uhr stehen bleibt? Erst schlägt es gemächlich und gleichmäßig in langen Zügen nach rechts und links, dann wird der Pendelschlag kürzer, das Pendel läuft auf immer kürzerer Strecke hin und her, bis es in der Mitte stehen bleibt!

Für viele von euch neigt sich der Inkarnationszyklus dem Ende zu, ihr werdet am Ende des Lebens diese Erfahrungsdimension verlassen und nach einem Aufenthalt im Jenseits zu den Aufgestiegenen Meistern gehen.

Aber seid euch gewiss, eure Erfahrungen haben über viele Inkarnationen heftig in beide Richtungen gependelt:

Ihr erlebtet männliche und weibliche Inkarnationen, Licht und Schatten, Lärm und Stille, Dominanz und Unterwürfigkeit, Armut und Reichtum, Schmutz und Protz, Sexbesessenheit und Enthaltsamkeit. Und diese Erfahrungen konntet ihr nur aufgrund der Dualität machen!

Euer physischer Körper schwankt zwischen Krankheit und Gesundheit. Wenn er sich ausgependelt hat und ihr eure Schöpfermacht bewusst für innere Harmonie einsetzt, fühlt er sich stabil wohl und ihr erlebt Gesundheit als euren natürlichen Zustand.

Euer Emotionalkörper pendelt zwischen Freude und Trauer, Verzweiflung und Euphorie, das sind die Extremzustände, die ihr erfahren könnt. Und wenn das Pendel allmählich zur Stille kommt, kann es eine Phase geben, wo eure Gefühle eher neutral sind, wo der Tiefgang im Vergleich zu früher fehlt, dann ist weder die Freude ausgeprägt noch die Trauer intensiv. Das ist vorübergehend!

Wenn ihr euch da total ausgependelt habt, öffnet sich ein neues Dimensionstor, und friedvolle Gelassenheit und freudvolles Wirken werden für euch erfahrbar.

Euer Mentalkörper pendelt zwischen Zweifeln und Wissen. Manchmal seid ihr im Unklaren, ob das, was ihr in eurem Inneren an Gedanken wälzt, ob es wirklich wahr ist oder doch eher falsch?

Wenn sich die Polarität ausgependelt hat, habt ihr immer klareren Zugang zu eurem inneren Wissen und es fließt euch Weisheit und Gewissheit zu.

Das sind die Auswirkungen des Transformationsprozesses, in dem ihr alle steckt!

Viele von euch haben Angst vor Veränderungen. Gleichzeitig habt ihr Visionen, wie euer Leben idealerweise sein könnte, doch ihr habt Angst davor, das Alte und Vertraute loszulassen.

Wenn sich euer Körper schwingungsmäßig verändert und ihr neue Qualitäten aufnehmt, wird sich selbstverständlich auch euer Leben verändern! Bei vielen geht das schrittweise mit wechselnden Zwischenstationen. Nehmt diese Veränderungen freudvoll und zuversichtlich an! Seid gesegnet!

Frage: Was bedeutet Meisterschaft? Wie kann man den Inkarnationszyklus beenden?

Konfuzius

Wir hatten euch ja bereits gesagt, dass sich die Erde und die Menschen in den sogenannten Meisterjahren befinden. Das sind die jetzigen Jahre in eurer Zeitebene.

Meisterschaft bedeutet, dass ihr in eure spirituelle und bewusstseinsmäßige Kraft und Macht kommt! Das ist so vorgesehen, weil sehr viele Menschen, die sich mit euch in dieser Zeitebene befinden, ihren Inkarnationszyklus beenden möchten – und sie werden ihn beenden!

Und dafür gibt es diese Meisterjahre!

Das bedeutet, dass ihr aus eigener Kraft lernt, wie diese Realitätsebene beschaffen ist, und dass es mehr gibt, als ihr durch eure physischen Sinne wahrnehmen könnt, und dass ihr zu erkennen beginnt, nach welchen Gesetzen dieses Leben funktioniert. Ihr lernt, welchen Einfluss eure Gedanken, Überzeugungen und Aussendungen auf die Realität haben, die ihr persönlich erlebt. Wie wichtig die Wahl eurer geistigen Unterhaltung ist und wie ihr mit dem Gefühl der Selbstliebe und Selbstachtung euer inneres Gleichgewicht nährt. Diese Dinge dürft ihr in den kommenden Jahren praktisch anwenden. Und das bezeichnen wir als Meisterschaft!

Bevor ihr das Endziel der Meisterschaft erreicht, legt ihr eine Prüfung ab. Dabei werdet ihr darauf geprüft, inwieweit ihr bewusst eure Gedanken wählt; ob ihr bewusst gegensteuert, wenn ihr feststellt, dass ihr gerade negativ denkt, ob ihr eure Gefühlszustände durch euren Willen ändern könnt und ob ihr in euch einen Zustand der Selbstliebe erschaffen könnt.

Das beinhaltet die bewusstseinsmäßigen Punkte der Meisterschaft.

Wenn ihr also in eurem physischen Leben unter Beweis gestellt habt, dass ihr das beherrscht, dann seid ihr reif für die Kymische Hochzeit und die Wiederverschmelzung mit euren Seelenanteilen, mit euren geistigen Geschwistern.

Ist die Kymische Hochzeit vollzogen, habt ihr die Prüfung der Meisterschaft bestanden! Und sie ist euer Garantieschein für das Ende des Inkarnationszyklus!

Das bedeutet aber nicht, dass ihr danach „alle Fünfe gerade sein lassen" könnt, wie ihr euch auszudrücken pflegt.

Was bei dieser Prüfung verlangt wird, ist keine absolute Perfektion! Ihr müsst die Fähigkeit beherrschen, euch willentlich selbst aus dem Schlamassel herauszuziehen!

Das bedeutet aber nicht, dass ihr 24 Stunden täglich ununterbrochen positiv denken müsst und niemals wieder gefühlsmäßig abrutschen dürft.

Bei der Prüfung kommt es darauf an, dass ihr gelernt habt, solche Zustände willentlich zu wechseln! Mit zunehmender Übung klappt es dann immer besser! Seid gesegnet!

Frage: Es gibt einige Menschen, die süchtig werden nach spirituellen Erlebnissen. Ich kenne das von früher her aus eigenen Erfahrungen und möchte gern wissen:
Wie kommt so etwas zustande? Was kann man tun, um diese Erlebnisse zu genießen, ohne davon abhängig zu werden?

Konfuzius

Jetzt öffnen sich viele Menschen für religiöse oder spirituelle Erlebnisse, und das ist auch so vorgesehen! Nun ist es allerdings so, dass eine große Anzahl Menschen von derartigen Erfahrungen vollkommen überwältigt wird. Sie haben Kontakt bekommen zu einer liebevollen, freiheitlichen Realitätsebene, zu göttlichen

Gefühlen oder beeindruckenden Wesenheiten und sie können damit nicht umgehen.

Wenn ein solches Erlebnis stattgefunden hat, sind sie tief beeindruckt und wünschen sich, die Erfahrungen sollten sich so häufig wie nur möglich einstellen. Und sie sind dann traurig, wenn das nicht geschieht.

Es geschieht aus gutem Grund nicht! Es ist nicht so, dass wir euch diese Erlebnisse nicht gönnen, aber ihr könnt sie nur in Maßen vertragen!

Würden wir uneingeschränkt euren Wünschen nachkommen, würde sich eure Seele recht schnell aus den irdischen Gefilden verabschieden, weil sie eine Realitätsebene gefunden hat, wo es ihr besser gefällt, und dann würdet ihr euer Leben vorzeitig beenden und könntet eure Lebensaufgabe auf der Erde nicht mehr erfüllen!

Was eure Seele beim Körper hält, ist der Wunsch zu leben! Ihr werdet also aus gutem Grund nur gelegentlich ein erhebendes Erlebnis haben!

Nehmt diese Beschränkungen bitte nicht persönlich! Viele denken dann: Es hat schon wieder nicht geklappt! Wahrscheinlich liegt es daran, dass ich nicht spirituell genug bin, dass ich Fleisch esse, dass ich nicht rein genug bin und dergleichen mehr!

Ihr solltet wissen: Wir bewerten euch nicht!

Für uns ist es sehr freudvoll zu sehen, wenn ihr euch öffnet und wie viel euch ein solches Erlebnis bedeutet!

Aber es ist für euch wichtig, auf diesem Planeten zu bleiben und eure Lebensaufgabe zu erfüllen, deswegen seid ihr hier! Aus diesem Grund seid ihr geboren worden!

Wir gönnen euch alle spirituellen Erfahrungen von Herzen, nur ist es eure Aufgabe mitzuhelfen, die Erde und das Leben der Menschen untereinander umzugestalten. Jeder von euch ist auf der Welt, um seinen Beitrag dazu zu leisten, damit das

Leben auf der Erde durch eure Anwesenheit freudvoller wird! Fangt dort an, wo gerade euer Wirkungskreis ist: in euren Familien, im Freundeskreis, auf der Arbeitsstelle, bei Menschen, die neben euch leben, und in eurer Gemeinde.

Geht achtvoll miteinander um und öffnet euch füreinander, seht die Gemeinsamkeiten, die euch verbinden, und sprecht miteinander. Ihr werdet überrascht sein, wie viele Menschen ein unerklärliches Erlebnis hatten, und wenn ihr euch öffnet, tun sie es auch.

Sprecht offen über eure Träume und Visionen, über eure Erkenntnisse auf dem Gebiet der Bewusstseinsarbeit, und ihr werdet andere treffen, die eben solche Gedanken haben!

Unsere Aufgabe ist es, euch durch diese Erlebnisse eine höhere Klarheit, eine höhere Liebe und eine hochstehende ethische Umgangsweise zu vermitteln, damit ihr das, was ihr empfangt, auf die Erde bringt!

Aber es ist nicht unsere Aufgabe, euch vorzeitig aus diesem Leben herauszureißen.

Ihr werdet religiöse Erfahrungen haben – in dem Maße und den Abständen – wie ihr sie vertragt! Seid gesegnet!

Frage: Meine Dualseele hat mir geraten, ich solle mal nach dem Paralleluniversum fragen?

Konfuzius
Seid gesegnet, seid in der Liebe, das ist Konfuzius.

Wenn ihr gestattet, würden wir gern eure Aufmerksamkeit zuvor noch auf ein anderes Thema lenken, weil ihr dadurch den Einfluss, welches das Paralleluniversum auf euren Planeten ausüben wird, besser versteht!

Das Thema lautet:

Kollektives Bewusstsein
und kollektive Prägungen

Konfuzius

In allen Zeitebenen, in allen Erdteilen, Ländern und Gegenden finden sich Menschen zusammen, die in ihrem Glauben und inneren Überzeugungen ähnliche Vorstellungen hegen.

Zum Beispiel gibt es bei euch Erdteile und Länder, wo der Glaube vorherrscht, Männer seien mehr wert als Frauen, und dahin werden dann Seelen geboren, die mit dieser Überzeugung konform gehen oder manchmal auch nicht.

In vergangenen Zeiten haben viele Männer geglaubt, dass es eine Ehre sei, für das Vaterland in den Krieg zu ziehen und wenn nötig „ehrenhaft" zu töten und zu sterben. Auch das sind Vorstellungen, die euch über Jahrhunderte geprägt haben!

Vor einigen Generationen war es Sitte, dass man sich bei unterschiedlichen Meinungen zu Ehrenfragen duellierte. Eure kollektiven Übereinkünfte, die aufgrund eines Ehrenkodexes und damit verbundener Annahmen, was richtig und was falsch im Leben ist, zustandekommen, besagten damals, dass Duelle die ideale Lösung für diese Angelegenheiten seien!

Schauen wir uns nun eure Zeit und eure Gegend an:

Auch hier gab und gibt es kollektive Überzeugungen, die besagen, dass es unschicklich ist, eine zerrüttete Ehe aufzulösen, dass ihr unter allen Umständen zusammen bleiben solltet, schon wegen der Kinder, der Nachbarn, der Freunde und Verwandten!

Des Weiteren habt ihr lange Zeit geglaubt, dass es eine Schande ist, wenn eine junge Frau ein uneheliches Kind bekommt.

Das alles sind Prägungen, die ihr im Kollektiv, als wahr und richtig oder auch nicht, annehmen könnt.

Würden nun immer nur Seelen geboren, die – ohne zu zweifeln – die alten Regeln übernähmen, gäbe es keine Vorwärtsentwicklung!

Eure Männer würden sich dann heute noch duellieren, aber in Wahrheit sind sie schon vor einiger Zeit davon abgekommen. Es hat also irgendwann in eurer Geschichte Männer gegeben, die sich einem Duell verweigert haben, denen man nachsagte, sie seien weibisch und Feiglinge.

Aber die Wahrheit ist: Es gehört Mut dazu, mit den alten Regeln zu brechen!

In eurer jüngeren Vergangenheit war es so, dass ein großer Teil der jungen Männer den Militärdienst verweigert und auf alternative Möglichkeiten zurückgegriffen hat, was zur Folge hatte, dass in vielen Ländern die Wehrpflicht abgeschafft wurde. Auch das ist eine positive Entwicklung!

Ebenso gibt es in eurer Zeit sehr viele Menschen, die nicht mehr bereit sind, ihre Ehe für den äußeren Schein aufrechtzuerhalten. Es hat sehr viele junge, mutige Frauen gegeben, die ein uneheliches Kind zur Welt brachten, um damit alte Ansichten in eurem kollektiven Bewusstsein zu verändern und neue Werte einzubringen.

Ihr alle erschafft euch in eurem Leben Situationen, wo es darum geht, Entscheidungen zu treffen.

Situationen, wo ihr grübelt und schlaflose Nächte zubringt, um herauszufinden, in welche Richtung ihr euch bewegen möchtet. Folgt ihr der Stimme eures Herzens oder verschließt ihr euer Herz und tut das, was überholte gesellschaftliche Vereinbarungen verlangen?

In jeder Zeit gab und gibt es Menschen, die mit folgenschweren Entscheidungen ringen. Aber noch nie war die Zahl so hoch wie heute! Sehr viele liegen nachts wach und befragen ihr Gewissen, ob sie sich weiter überwinden können, um einer despotischen

Macht zu dienen und dabei das Volk zu verkaufen. Ihr ringt mit den unangenehmen Aufgaben, die von euch erwartet werden. Manche hoffen, dass sie niemals eintreten werden. Und wir raten euch, sprecht miteinander! Öffnet euch euren Kollegen und tauscht euch aus. Ihr werdet erstaunt sein, wie viele dieselben Bedenken haben wie ihr.

Wir wissen um euer Ringen und ermuntern euch, dem Weg eures Herzens zu folgen!

Eure Seele würde sich für den Weg des Herzens entscheiden, weil sie um die Konsequenz weiß, dass alle Taten irgendwann auf sie zurückfallen.

Auf diese Weise funktioniert die kollektive Prägung und deren ständige Veränderung, und ihr alle tragt mit euren Entscheidungen dazu bei!

So, und nun kommen wir zur Beantwortung eurer eigentlichen Frage:

Das Paralleluniversum
oder der Eintritt ins „Goldene Zeitalter"

Konfuzius

Wir möchten euch am Anfang dieses Kapitels bitten, euch von der irdischen Realität zu lösen und einen Moment lang vorzustellen, ihr wäret im Jenseits:

Könnt ihr euch vorstellen, dass es hier eine große Anzahl reifer Seelen gibt, die ihren Inkarnationszyklus beenden möchten?

Sie maulen dann: „Ich will nicht mehr da runter! Das Leben auf einem physischen Planeten ist für eine entwickelte Seele eine Zumutung! Ich weigere mich weiter zu inkarnieren und dieses blöde Spiel zu bedienen. Ich will raus aus diesem Dualen Universum!"

Ihnen wird dann erklärt: „Du kannst das Spiel erst verlassen, wenn du in der Physis deine Seele und deine Schöpfermacht entdeckst und bewusst anwenden lernst. Dann ist der Inkarnationszyklus vollendet, weil du dich an deine göttliche Energie erinnert hast!"

Um diesen Lernschritt zu unterstützen gibt es aufsteigende Zeitebenen!

Wir hatten euch erklärt, dass auch das Planetenbewusstsein einen Kreis durchläuft. Es lichtet sich und geht über in den feinstofflichen Bereich und steht im Austausch mit der göttlichen Quelle. Damit ist eine Zeitebene, die aufsteigt, absolut geeignet, um Seelen in den Prozess des Erwachens zu führen.

Genau genommen ist das der Grund, warum ihr derzeit so viele seid. Viele Seelen möchten ihren Abschluss machen und drängen darauf in eurer Zeit geboren zu werden. Aber nicht alle, die anwesend sind, werden tatsächlich diesen Bewusstseinsschritt gehen. Manche verlieren sich auch und kehren schneller ins Jenseits zurück, als sie es sich erhofft haben. Viele durchlaufen diesen Zeitabschnitt zwei oder dreimal, bis sie es schaffen, die Harmonie in sich zu halten und bewusst zu denken. Einige erweisen der Gesellschaft einen „Bärendienst", indem sie sich opfern, um die Aufmerksamkeit der Öffentlichkeit auf einen Missstand zu lenken.

Das Ziel dieser „Reise" wurde schon als „Paralleluniversum", „Zeitenwende", „das Goldene Zeitalter" oder als „Apotheose" – die Erhebung des Menschen ins Göttliche bezeichnet – eure Mythen berichten darüber. Immer ging dieser Zeit der Veränderung eine dunkle Phase voraus.

Seit Dezember 2012 befindet sich eure Erde nun vor dem Tor zum „Paradies", und sie bekommt dabei eine Intensivbestrahlung mit bewusstseinsfördernder Lichtenergie und das wiederum hat Auswirkungen auf euer gesellschaftliches Zusammenleben.

Wir haben absichtlich das Kapitel über die kollektiven Prägungen vorangesetzt, damit ihr ein Gefühl dafür entwickelt, auf welche Weise und in welchem Rhythmus sich Veränderungen vollziehen. Die Veränderungen vollziehen sich genau genommen sehr viel schneller als in der dritten Dimension, aber wir wissen auch, dass ihr ungeduldig seid, und wenn man im Geschehen anwesend ist, scheint es immer, als ob sich nichts bewege.

Die frequenzmäßigen Anpassungen ans Paralleluniversum haben bereits im Jahre 1987 begonnen, und viele von euch haben Jahre gebraucht, bis sie irgend etwas wahrgenommen haben. Äußerlich können die Erwachten nur feststellen, dass sie langsamer altern. Die hauptsächlichen Veränderungen vollziehen sich in eurem Inneren, in der Art und Weise, wie ihr denkt und fühlt und bewusst eure Gedankenkraft einsetzt, um euer Leben zu meistern! Eure Werte prägen sich neu und passen sich allmählich der Lebensweise im Goldenen Zeitalter an.

Dort herrscht ein anderes kollektives Bewusstsein, als ihr es aus der Vergangenheit kennt. Im Paralleluniversum sind die Kräfte ausgeglichen, weil sich die Dualität auflöst.

Sehr viele Dinge, die euch aus der Dreidimensionalität bekannt sind und euch auch jetzt noch beim Übergang umgeben, werden sich dort mehr und mehr auflösen:

Die Trägheit, und die damit verbundene Verzögerung eurer Aussendungen nehmen weiter ab. Deshalb ist Bewusstseinsarbeit für euch im Moment so wichtig!

Es gibt im Paralleluniversum keine kriegerischen Auseinandersetzungen, kein Geld, keine Krankheiten, keinen Privatbesitz in Form von mehreren Grundstücken und Häusern, und diese Arbeitsverpflichtung, wie sie bei euch verbreitet ist, gibt es auch nicht.

Die Ressourcen sind dort gleichmäßig verteilt und stehen allen zur Verfügung.

Seit ihr nun im Jahre 2012 das Portal zum feinstoffliche Universum erreicht habt, kommt an erster Stelle neuer „Wind" in eure kollektiven Prägungen!

Und dieser Wind singt ein Lied von Freiheit, von Liebe, von Gleichberechtigung, von passivem Widerstand und einem freudvollen Dasein aller!

Es ist euer Geburtsrecht, Unterkunft, Nahrung, Kleidung und Einrichtung zu erhalten, das sind die Grundbedürfnisse!

Eure Erde ist so konzipiert, dass sie die Befriedigung der Grundbedürfnisse jedem zur Verfügung stellt, und zwar aus dem einfachen Grund, weil er / sie / es hier sind. Das ist schon immer so gewesen.

Nur habt ihr in euren „modernen" Zeiten diese natürlichen Ressourcen pervertiert. Um dieses zu erreichen, habt ihr einen künstlichen Wert erschaffen: Geld!

Wir wollen nicht sagen, dass Geld eine Fehlentwicklung ist, soweit es dem Nutzen dient, den Handel zu vereinfachen. Nur habt ihr aus eurer Vergangenheit heraus das Geld so verteilt, dass wenige sehr viel haben und den Markt kontrollieren und viele gerade mal das Nötigste oder weniger als das. Und damit sind wir beim Problemspiel des Planeten Erde: der Habgier!

Momentan gibt es etwa 100 Familien, die die Erde und zu einem Großteil den Finanzmarkt besitzen und kontrollieren.

Aber das wird sich schon bald ändern! Das Tempo der Veränderung bestimmt ihr! Seid gesegnet und pflegt eure Zuversicht, das war Konfuzius.

Kuthumi

Seid gesegnet, seid in der Liebe, das ist Kuthumi. Eure Erde steckt also im „Geburtskanal" zum Goldenen Zeitalter. Diese Geburt verläuft erfahrungsgemäß in drei Phasen ab. Die erste Phase ist die Zeit der Dunkelheit, dabei bekommt ihr auf einem silbernen Tablett eure Missstände, die Ungerechtigkeit, die Versäumnisse, Fehlentscheidungen und Lügen präsentiert. Alles, was dringend verändert gehört, wird euch deutlich vor Augen geführt. Bedingungen, die nach Veränderung schreien, bekommen in der dunklen Phase den Anstrich des Unerträglichen.

Die zweite Phase ist gekennzeichnet von einem Gesinnungs- oder Machtwechsel und daraus resultierend von intensiven Reformen. Die Ungerechtigkeit beginnt zu schwinden und die Fairness nimmt Fahrt auf. Die entscheidendste Veränderung ist die Reform eures Finanzsystems, wobei wir hier nicht von Bankenrettung durch Steuergelder sprechen, sondern von einer weltweiten Umstrukturierung der Besitzverhältnisse.

Die dritte Phase ist der Feinschliff, das Nachjustieren zu weltweiter Gerechtigkeit.

Anmerkung: *Das hört sich ja alles ganz gut an! Aber manchmal habe ich das Gefühl, ihr habt bei diesem Thema den Bezug zur irdischen Realität verloren! Habt ihr überhaupt eine Ahnung, wie ungerecht es im Moment zugeht? Wir werden von Flüchtlingen überrollt. Die Löhne werden gekürzt, die Geschäfte laufen immer schlechter. Überall auf der Welt gibt es Unruhen und Bürgerkriege. Es gibt hier unten Terror und die Kriminalität steigt an. Und die Politiker sparen das Land kaputt.*

Kuhtumi
Keine Angst! Wir haben nicht den Bezug zur Realität verloren! Ihr befindet euch gerade in Phase 1 der Veränderung.

Phase 1: Die Zeit der Dunkelheit

Kuthumi / Jesus Sananda

Das ist ein Spiegel eurer Zeit mit möglichen Entwicklungen:
Die besondere Position der Erde seit dem Jahr 2013 hat die kollektive Auswirkung, dass euch die Versäumnisse und Fehlentscheidungen eurer Politiker und der Wirtschaft auf einem silbernen Tablett präsentiert werden.

Wenn ein Staat seine Rüstungsexporte wegen der hohen Steuereinnahmen weitgehend ungeregelt ins Kraut schließen lässt und sehr genau weiß, dass diese Waffen über Umwege direkt in Konfliktherde gelangen, ist die natürliche Konsequenz, dass er Flüchtlinge erntet. Und das ist die nettere Konsequenz!

Ihr exportiert Tod, Krieg, Zerstörung und unendliches Leid. Es ist ein universelles Gesetz, dass das zu euch zurückkehrt, was ihr aussendet!

Es ist einzig eurer vermehrt friedliebenden Bevölkerung zu verdanken, dass ihr nur Flüchtlinge erntet.

Abgesehen davon, dass eure Politiker ihr Land im Ausland besonders mit Schlagwörtern anpreisen, die im Falle Deutschlands Vollbeschäftigung, Fachkräftemangel und einen Durchschnittsverdienst von 2000,- € im Monat versprechen, entsteht der momentane Massenansturm dadurch, dass Europa darüber nachdenkt einen Zaun zu bauen und die Almosen, die von Brüssel bereitgestellt wurden, gekürzt haben. Es sind genau diese Punkte, die Familien, die das Ziel haben in ihre Heimat zurückzukehren, zu der Überlegung veranlassen; vielleicht ist es die letzte Chance und wir ärgern uns in einigen Jahren, wenn wir sie nicht ergriffen haben.

Könnt ihr euch vorstellen, wie es ist, fünf Jahre lang in Zelten zu leben? Nicht arbeiten zu dürfen und zuzuschauen wie die eigenen Kinder durch den Mangel an Schulen immer mehr in der Entwicklung hinterherhinken, die hygienischen Zustände und die Versorgung von Jahr zu Jahr schlechter werden?

Die Menschen in den Ländern, die ihr mit eurer Lobby-Politik ruiniert habt, flüstern den Flüchtlingen zu: „In Deutschland bekommt jeder ein Haus geschenkt!"

Wie stellt ihr euch eine Festung um Europa vor? Hinter dem Zaun leben die reichen Privilegierten und außen die armen Sklaven?

Das scheint so ähnlich wie die Modelle, die es in Indien zu bestaunen gibt: Ein Hochsicherheitspalast hinter einer gut bewachten Mauer mitten im Armenviertel. Was dabei entstehen würde, wäre eine Zweiklassengesellschaft.

Bevor ihr eure Energie in einen Zaun steckt, der niemals dicht wäre, es sei denn, ihr erschafft ihn nach dem Vorbild der früheren Ost-West-Grenze, solltet ihr euch lieber fragen, was sind die Ursachen der Massenflucht?

Wie konnte es dazu kommen, dass Europa oder auch die USA plötzlich von Menschen überrollt werden?

Es gibt weniger als 1 % der Erdbevölkerung, die sich das Weltkapital teilen. So etwas, wie einen wandernden Geldfluss gibt es nur noch in den stärksten Industrieländern mit einem hohen Exportanteil. Wobei Unternehmen heute nur ihren Standard halten können, wenn sie jedes Jahr den Kundenstamm erweitern – das heißt: Kunden aus anderen Ländern dazugewinnen. Mit dem Ergebnis, dass die Anbieter vor Ort Bankrott anmelden.

Euer Finanzsystem ist bereits 2008 zusammengebrochen. Seither rettet ihr es mit Sparmaßnahmen, die weltweit immer mehr Menschen ins soziale Abseits drängen. Nachdem die Armen ihre Ersparnisse aufgebraucht und ihre Wertsachen verkauft haben, begehen sie entweder Selbstmord, denken sich Gaunereien aus, gehen betteln, liegen ihren Verwandten auf der Tasche und werden Alkoholiker, machen eine Karriere als Dieb oder Einbrecher, schließen sich einer aufbegehrenden Partei an, suchen ihr Glück im reichen Norden oder betrügen im Internet und auf der Straße ihre Mitmenschen. Depression und Burnout heißen die neuen Volkskrankheiten.

In ärmeren Ländern sind die Wirtschaft und das Sozialsystem häufig so zusammengebrochen, dass ein großer Teil der Bevölkerung zur Selbstversorgung und zum Tauschhandel zurückgekehrt ist. Ihr habt ein Finanzsystem, das mit Zins- und Zinseszins arbeitet – das ist so ähnlich, wie eine eingebaute Selbstvernichtung. Beim Monopoly gibt es am Ende auch nur einen Besitzer, dem alles gehört. Nur, die meisten spielen nicht bis zum bitteren Ende, weil es irgendwann einfach keinen Spaß mehr macht.

Wie funktioniert euer derzeitiges Finanzsystem?

Angenommen, ein Waffenhersteller hat am 2. Weltkrieg gut verdient und zahlt 1948 satte 10 Millionen auf ein Konto mit 5 % Zinsen ein. 1962 besitzt er durch die Verzinsung 20 Millionen, 1976 sind es 40 Millionen, 1990 sind es 80 Millionen, 2004 waren es 160 Millionen, 2018 werden es 320 Millionen sein und 2032 640 Millionen. Das nennt man exorbitantes Wachstum und es hat Ähnlichkeit mit einem Krebsgeschwür.

Jetzt könntet ihr einwenden, dass es seit 2007 fast keine Zinsen mehr gibt. Diese Regelung betrifft aber nur neue Konten.

Was glaubt ihr denn, wo euer gesellschaftliches Bedürfnis nach mehr Wachstum und ständiger Produktionssteigerung herrührt? Es sind euer krankes Finanzsystem und diese gefräßige Maschinerie, die euch morgens aus dem Bett springen lässt und immer mehr und billigere Verbrauchsgüter, die keiner mehr kauft, herstellen lässt. Euer gesamter Wachstumswahn hat die Ursache in dem Irrglauben, dass Geld sich vermehren würde!

Heute ist die Situation auf der Erde so, dass es nur noch sehr wenige Menschen gibt, denen das weltweite Finanzsystem gehört. Die übrigen Menschen auf eurem Planeten arbeiten für sie – vielleicht nicht direkt – aber sie sorgen indirekt dafür, dass sie jedes Jahr ihre Zinszahlungen erhalten, indem sie sich ihren Lohn kürzen lassen, ihr Geschäft ruinieren oder ihre Pensionierung mit Arbeit verbringen, weil die Rente nicht ausreicht.

Daraus entstehen Unzufriedenheit, soziale Nöte, Depressionen, Hass und Aufbegehren gegen die derzeitigen Zustände. Wenn ihr dann noch dafür sorgt, dass die Unzufriedenen Waffen in die Hände bekommen, erschafft ihr eine Welt, die die derzeitige Situation präsentiert.

Ihr fragt euch: Woher rührt die Gewaltbereitschaft der Jugend? Was sind die Gründe für den Terrorismus? Und wir antworten euch: Es sind die Kriegsspiele am Computer gepaart mit einer kollektiven Chancenlosigkeit. Würdet ihr euren Kindern Kriegsspiele schenken, wenn darauf die Warnung geschrieben stände: **„Achtung: Dieses Spiel verändert die Persönlichkeit des Spielers, es enthemmt und radikalisiert ihn und kann zu einem frühen Tod führen!"** Kriegsspiele wurden ursprünglich vom Militär erfunden, sie hatten die Aufgabe, Soldaten die Hemmung zu nehmen, um auf Menschen zu schießen.

Die Frage ist: Wie wollt ihr weitermachen? Traut ihr euch zu, den Finanzmarkt zu reformieren oder baut ihr lieber eine Festung?

Angenommen, eure Banken würden nur Zinsen auf kleinere Geldbeträge zahlen, sagen wir, es gäbe nur Zinsen bis zu einem Guthaben von 300.000 €, danach ist Schluss. Mit so einer Obergrenze würdet ihr die Kleinsparer stärken und sie sollte in etwa dem Gegenwert eines Einfamilienhauses entsprechen. Damit würden Familien bestärkt, sich etwas Sinnvolles zu schaffen. Alle Geldanhäufungen, die darüber hinausgehen, blieben stabil und zinslos. Das wäre eine stille Aufforderung an den Besitzer: Gib dein Geld aus und lasse es ins große Ganze zurückfließen!

Sollte jemand noch mehr ansammeln und damit seine Habgier unter Beweis stellen, sollten die Banken ab 400.000 € eine Aufbewahrungsgebühr verlangen.

Diese Reform könnte natürlich auch beinhalten, dass Banken geleistete Zinszahlungen der letzten 50 Jahre rückwirkend an das neue System anpassen. Damit wären schlagartig alle eure Finanzprobleme beseitigt.

Es gäbe natürlich noch bessere Finanzsysteme, aber das eben erklärte wäre ein erster Schritt in die Entlastung.

Euer Planet ist momentan in der stärksten Veränderungsphase überhaupt. Aber es gibt Länder und Regierungen, die diesen Prozess bisher erfolgreich ausgeblendet haben und am Alten festhalten. Sie weigern sich, Probleme überhaupt wahrzunehmen und betäuben sich mit gegenseitigen Beglückwünschungen ihrer genialen Regierungsarbeit. Selbst, wenn diese Genialität nur darin besteht, Flüchtlinge dort versorgen zu lassen, wo sie europäischen Boden betreten. Ihr solltet auch wissen: Jeder massiven Umwälzung geht eine Völkerwanderung voraus.

Die Politiker, Banker und Wirtschaftsbosse des Nordens sind diejenigen, die notwendige Reformen verzögern. Die Flüchtlinge sorgen für eine Beschleunigung! Sie werden euch zwingen, eure Bürokratie zu beschleunigen, den sozialen Wohnungsbau anzukurbeln und eure Außenpolitik zu verändern und weltweite soziale Gerechtigkeit einzuführen.

Wenn das Regieren den Hauptzweck hat, für die Lobbyisten neue Exportmärkte zu erschließen, um das finanzielle Überleben der nächsten Monate zu gewährleisten und die Folgen zu ignorieren, dann wird es Zeit für einen Wechsel. Der Sinn des Lebens ist nicht der des Überlebens, sondern eher ein Weg der Selbstverwirklichung.

Eure Politiker haben die Aufgabe dem Volk zu dienen, indem sie für Frieden, Gerechtigkeit und Harmonie in der Gesellschaft und auf der Welt sorgen. Und der Zeitgeist sorgt dafür, dass alle ihre Verfehlungen sofort ans Licht kommen.

Unterstützt euch gegenseitig! Diskutiert miteinander und fragt euch, wie eine gerechte Gesellschaft beschaffen sein könnte?

Solange sich keine Veränderungen abzeichnen kann es auch hilfreich sein, die bestehende Ungerechtigkeit zu stärken, indem ihr die Gesetzeslücken zu nutzen versteht. Sammelt die Gewerbetreibenden vor Ort in einer Holdinggesellschaft mit Briefkastensitz in einem Steuerparadies und zahlt in eurem Land keine Steuern mehr. Das würde die Veränderung der bestehenden Ungerechtigkeiten beschleunigen und euch das Überleben sichern!

Viele von euch verfügen über ein inneres Wissen darüber, wie eine friedvolle Gesellschaft beschaffen ist, teilt es mit anderen. Dadurch kommt es ins kollektive Bewusstsein und beeinflusst mehr und mehr eure Zukunftsgestaltung. Befreit euch von der Angst! Manchmal gestattet ihr Kleinigkeiten, euch eure innere Harmonie zu rauben und das ist nicht förderlich.

Meine Lieben, möglicherweise werdet ihr euch fragen, wieso wir penetrant und gebetsmühlenartig immer wieder das Thema Geld und Zinsen aufs Tapet bringen? Vielleicht glaubt ihr ja, wir seien ein Club alter weltfremder Typen, die gar nicht mehr spüren, wie sie sich wiederholen?

Das ist nicht der Fall!

Die Umstrukturierung eures Geldsystems ist das „Goldene Ei", sie ist der entscheidende Schritt, der eine globale Wende in Gang bringt! Fast augenblicklich löst ihr damit eine Lawine des Friedens, der Hoffnung, der Liquidität, der Geschäftsneugründung, der Kaufkraftsteigerung und der Zuversicht aus, die alle eure Erwartungen übertreffen wird. Plötzlich wäre alles leicht! Probleme, die ihr heute mit Verbissenheit bekämpft, würden sich nach und nach von selbst auflösen. Und die Politiker, die diese Wende durchführen, ernten die weltweite Dankbarkeit der Bevölkerung.

Wir segnen euch mit Liebe, Weisheit und Frieden! Das waren Kuthumi und Jesus Sananda.

Phase 2: Chaos und Neubeginn

Jesus Sananda

Seid gesegnet, seid in der Liebe, das ist Jesus Sananda.

Alle Aussagen, die jetzt kommen, beschreiben die Übergänge von anderen Zeitebenen in dieser Phase des Wandels. Es handelt sich also hierbei nur um Wahrscheinlichkeiten, die bei euch auch anders verlaufen können. Es ist ohnehin so, dass ihr nicht daran gemessen werdet, ob die Welt, die ihr schafft, perfekt ist. Für eure Seele zählt mehr das persönliche Erwachen. Alte Seelen haben die Aufgabe, ein Energiefeld der Harmonie zu halten, indem sie sich von äußeren Ereignissen nicht aus dem Frieden ziehen lassen, und neue Ideen einzubringen.

Teenagerseelen stürmen los und möchten an vorderster Front an den Veränderungen mitwirken, oft sind sie ungehalten und schießen über das Ziel hinaus. Reife Seelen organisieren Proteste und Demonstrationen, und manchmal fühlen sie sich hin und hergerissen zwischen dem Geschehen der Straße und dem Frieden, den sie in ihren eigenen Räumen erleben.

Gut, hier kommen die Wahrscheinlichkeiten:

In der zweiten Phase herrscht eine hohe Unsicherheit, aber auch eine mitreißende Aufbruchsstimmung zur Schaffung einer neuen, gerechteren Gesellschaft.

Der weltweite Verkauf geht zurück. Absatzmärkte brechen ein. Das Rad der Wirtschaft drosselt die Geschwindigkeit und der Kampf um internationale Marktanteile bekommt verzweifelte Züge. Lobbyisten wird das Mitspracherecht bei Regierungen entzogen. Internetgiganten unterbieten sich. Viele Arbeitsplätze sind gefährdet und die Kriminalität nimmt vor allem in Großstädten zu. Alte Bündnisse lösen sich auf. Die Börsen brechen ein. Banken werden teilweise vom Staat übernommen oder bekommen neue Gesetzesauflagen. Waffenexporte werden untersagt. Hersteller von Waffen bekommen die Auflage, innerhalb eines Jahres die Produktion auf zivile Güter umzustellen oder ihnen droht die Enteignung. Kriegsspiele am Computer bekommen strenge Altersauflagen oder werden verboten. Etwa 1000 Personen weltweit werden enteignet und ihre Konten und Besitztümer gehen über in Staatsbesitz. Mit diesem Geld werden die marode Infrastruktur aufgebaut und Sozialleistungen aufgestockt. In manchen Ländern wird ein Bürgergeld eingeführt. Ehemalige Steueroasen zahlen andere Länder anteilig aus. Erfindungen werden gemacht und stärken die Unabhängigkeit. Krankenhäuser kehren zurück in die regionale Verwaltung. Das Personal wird aufgestockt und bestehende Aktiengesellschaften werden aufgelöst. Banken vergeben zinslose Minikredite an Geschäftsgründer. Die Lehrpläne der Schulen werden reformiert. Es geht nicht mehr darum, die Hirne der Schüler mit möglichst viel unnützem Wissen vollzustopfen, sondern um die Einführung von lebensnahen, praktischen Anwendungen. Für Soldaten gibt es keine Auslandseinsätze mehr. Alle Gesetze, die zur Begünstigung einzelner und zum Nachteil der Bevölkerung erlassen wurden, verlieren ihre Gültigkeit. Es gibt neue ethische Gesetze, die dem Volk dienen und den Bürgern ein Mitspracherecht einräumen. Die Souveränität und Nichteinmischung in die Angelegenheiten anderer Staaten werden in einer neuen internationalen Verfassung festgelegt. Rohstoffe werden zu einem fairen Preis gehandelt. Die künftigen Produktionsmengen ergeben sich aus dem tatsächlichen Bedarf der Kunden. Die Geräte und Artikel der Zukunft haben eine lange Lebensdauer und sind nicht mehr auf Verschleiß gebaut. Dadurch kommen viele Menschen in den Genuss von mehr Freizeit und einer Versorgung, die unabhängig von erbrachter Leistung ist.

Pflegt die Liebe und Harmonie in eurem Herzen, das war Jesus Sananda.

Phase 3: Das goldene Zeitalter

Konfuzius

Nachdem dann das Bürgergeld eine Weile geflossen und damit die Versorgung gesichert ist, verschwindet die alte Gewohnheit allmählich Geld durch Arbeit zu verdienen. Das bedeutet nicht, dass die Menschen ihre neugewonnene Freizeit nur noch im Urlaub, im Liegestuhl oder auf der Party zubringen. Es werden weiter Produktionsgüter hergestellt, wenn auch, in einem weitaus geringerem Maße, als das heute der Fall ist. Ihr habt nicht mehr den Ansporn die Welt zu beliefern. Großkonzerne mit Tochterunternehmen entlassen diese in die regionale Selbständigkeit. Der Zeitdruck verschwindet und regionale Produkte steigen in der Bedeutung. Ausbildungen und Lehrzeiten werden drastisch verkürzt, da ihr auch bemerkt, dass viele Menschen über Talente verfügen, die sie bereits aus anderen Leben mitbringen. Selbstverwirklichung und das spontane Bilden von Projektgruppen entsteht. Dabei geht es sehr humorvoll zu.

Es herrscht ein hohes Maß an persönlicher Zufriedenheit und ein Bewusstsein der Fülle.

Der Mensch ist von Natur aus friedliebend, offen und neugierig gegenüber seiner Umwelt und Fremden. Er empfindet höchstes Glück und tiefste Befriedigung, wenn er jemandem helfen kann, wenn er aus seiner Fülle andere beschenkt und sie an seinen Erfahrungen teilhaben lässt. Das ist die wahre Natur des Menschen! Und dahin bewegt ihr euch!

Hat diese Zufriedenheit im Kollektiven Bewusstsein eine bestimmte Masse erreicht, gleitet ihr in eine neue Erfahrungsebene, die sich zuerst in hochgelegenen Regionen zeigt. Wünsche materialisieren sich, Visionen erschaffen Erfahrungen und ungewöhnliche Begegnungen können sich ereignen.

In diese Zeit fällt auch die Erfindung von neuen technischen Möglichkeiten. Ein Replikator, der materielle Gegenstände duplizieren und versenden kann, wird erfunden. Ebenso entsteht ein neues Gerät auf dem Gebiet der Energiegewinnung, was eure Abhängigkeit von Rohstoffen stark reduziert und schließlich beendet. Es gibt Erfindungen auf dem Gebiet des Transportes, die wir mit dem Wort „Beamen" beschreiben möchten. Eure Physiker finden heraus, dass Materie zerlegt und an anderer Stelle neu zusammengesetzt werden kann. Daraus ergeben sich ungeheure Möglichkeiten, die eure Seele aus dem feinstofflichen Bereich kennt.

Eure Gesundheit wird sich nach und nach mit dem Schwinden eurer Sorgen, Ängste und Zweifel stabilisieren. Habt ihr eine Zeitlang in Freiheit und Selbstbestimmung gelebt, wird sich euer Körper stärken, und eure Selbstheilungskräfte tragen zu einer stabilen dauerhaften Gesundheit bei!

Der persönliche Besitz verliert allmählich an Bedeutung. Euch geht es dann mehr um ein Nutzungsrecht und das Teilen von Objekten und Maschinen mit anderen Menschen.

Gut, meine Lieben, es ist uns durchaus bewusst, das diese Beschreibung vom Goldenen Zeitalter bei vielen Lesern auf heftige Zweifel stoßen wird. Aber möglicherweise sieht das in einigen Jahren anders aus.

Es handelt sich dabei auch nur um eine mögliche Zukunft, denn ihr besitzt einen freien Willen und habt damit auch das Recht, eine andere Richtung einzuschlagen.

Die Menschheit befindet sich heute an einem Scheideweg und ihr dürft die in euch ruhende Kraft dafür einsetzen, der Liebe und Achtung vor allem Leben eine Zukunft zu schenken. Wir hatten euch bei anderer Gelegenheit erklärt, wenn ihr in Trübsal und Leid versinkt, seid ihr für uns unerreichbar. Erst wenn ihr einen Schritt in die Hoffnung und Zuversicht setzt, dann kann euch unsere Hilfe erreichen. So ähnlich verhält es sich auch mit dem kollektiven Bewusstsein und der Aura der Erde. Sobald eine kritische Masse Freiheit, Glück, Harmonie, Liebe und Zufriedenheit ausstrahlt, öffnet sich das göttliche Tor und euch fließt soviel Hilfe und Beistand zu, dass plötzlich alles ganz schnell geht.

Aber wir möchten euch auch nicht verschweigen, dass es ebenso in eurer Macht liegt, eure Zivilisation vollkommen zu zerstören. Ihr selbst entscheidet an jedem neuen Tag darüber, welches Energiefeld ihr in euch erschafft – tut es mit Bedacht. Seid gesegnet, seid in der Liebe und Zuversicht, das war Konfuzius.

Frage: Ist es aus eurer Sicht möglich, die einzelnen wahrscheinlichen Phasen zeitlich zu bestimmen?

Kuthumi

Der Zeitfaktor birgt die größte Unberechenbarkeit, da **ihr** ihn bestimmt, und viele Menschen von ihren Ängsten geleitet werden, und heute das Eine für richtig halten und morgen das Gegenteil davon. Daraus ergibt sich ein Schlingerkurs – wie ein Schiff im Sturm.

Ein wesentlicher Schritt ist die Umstrukturierung eures alten Finanzsystems. Um so länger es künstlich am Leben gehalten wird, desto gewalttätiger entwickelt sich die Welt. Viele Politiker haben das bereits verstanden und sobald die Lobbyisten vertrieben sind, werden sie auch freier in ihren Entscheidungen.

Gut, so viel zur Zeit:

Zeitebenen, die vor euch diesen Wandel rasch vollzogen haben, brauchten pro Phase etwa sieben Jahre. Aber ihr habt die Freiheit diese Schritte auch langsamer zu gehen. Wir sind aber sehr zuversichtlich, dass ihr sie letztendlich gehen werdet. Zumindest lässt sich das auf der Traumebene ablesen. Seid gesegnet, seid in der Liebe, das war Kuthumi.

Verabschiedung

Konfuzius und Kuthumi

Seid gesegnet, seid in der Liebe, das sind Konfuzius und Kuthumi. Wir sind am Ende unserer Durchsagen angelangt und möchten uns von euch verabschieden. Uns war es ein Vergnügen, dieses Material herunterzugeben, und es wird noch mehr folgen. Wir bedanken uns bei den Lesern des Buches für ihr Interesse, bei dem Channel Ute für ihr Vertrauen, bei Antar für seinen Beitrag über die Lichtwelten, beim Hohen Selbst Oelbaum für den Energiefluss und bei allen Menschen, die an der Fertigstellung des Buches mitgewirkt haben!

Wir wissen, dass es in dieser intensiven Veränderungsphase nicht immer einfach ist die Hoffnung und Zuversicht zu halten. Aber wir möchten euch Mut machen! Ihr seid der wichtigste Mensch in eurem persönlichen Leben! Entdeckt die Macht eurer Gedanken! Das Königreich liegt in euch! Seid liebevoll und geduldig mit euch selbst. Wir unterstützen euch gern! Ihr lebt in einer abenteuerlichen Zeit! Schon bald werdet ihr erleben, wie sich eure Erde zum Positiven wandelt, wie die Menschen sich öffnen und das Zusammenleben aller neue Formen annimmt. Wir segnen euch mit Liebe, mit Weisheit, klaren Gedanken, Mut und Lebensfreude.

Das waren Konfuzius und Kuthumi.

Abschied und Dank

Auch ich möchte mich von den Lesern des Buches verabschieden und mich für euer Interesse bedanken! Außerdem gilt mein Dank Meister Konfuzius, Meister Kuthumi, meinem Hohen Selbst und meiner Dualseele Antar für die liebevollen, gutverständlichen Durchsagen!

Ich hoffe von ganzen Herzen, dass dieses Buch viele Menschen zu mehr Hoffnung, mehr Liebe und mehr Freiheit inspirieren wird. Helft mit eine gerechtere Welt aufzubauen!

Seit 2002 gebe ich spirituelle Seminare, deren Inhalt ich von Konfuzius und Kuthumi erhalten habe. Ich würde mich freuen, euch darin begrüßen zu dürfen!

Herzliche Grüße

Ute Kretzschmar

Seminar-Info:

„Öffne dich deiner inneren Weisheit und realisiere deine Träume"

Teil 1: Mediale Ausbildung I

Wie wirkt das feinstoffliche System? Der Kontakt zum Emotionalkörper und die Aussöhnung mit den Gefühlen und der Vergangenheit sind ein wichtiger Bestandteil für inneren Frieden. Selbstbeobachtung – welche Realität erschaffen meine Gedanken. Die inneren Stimmen im Kopf: der Verteidiger, der Kritiker und der Antreiber und wie sie Dein Leben beeinflussen. Sie zu kennen ist eine Grundvoraussetzung für sauberes Channeln. Fantasiereise: Das innere Haus – Kontakt in alle Ebenen. Der Entwicklungsweg aus der göttlichen Quelle bis zum Menschsein – die Genesis nach Kuthumi. Die Entstehung der feinstofflichen Familie und die Rolle des Hohen Selbstes. Der Energieaustausch mit dem Hohen Selbst. Dualseelen, irdisch und feinstofflich. Fantasiereise zur Dualseele. Sowie ein Gruppenchanneling, wovon jeder eine kopierte CD bekommt!

Teil 2: Mediale Ausbildung II

Das mentale Selbst und seine Verbindung zum Kollektiven Bewusstsein. Wir beschäftigen uns mit dem Opfer- / Kämpferspiel und sprechen über die Schwächen reifer Seelen. Die inneren Stimmen: Antreiber, Kritiker, Verteidiger und wie sie in der Kindheit verletzt wurden. Wir machen eine Rückführung in die Kindheit und söhnen uns mit einem alten Drama aus. Deine innere Weisheit und wie sie Dir bei wichtigen Lebensentscheidungen helfen kann! Außerdem machen wir ein Clearing mit Jesus Sananda, St. Germain und Seraphis Bey. Wir lernen Botschaften empfangen – **Ausbildung zum Schreibkanal**. Aussöhnung mit problematischen Menschen. Fantasiereise: Die Krönung – die Übernahme der Eigenmacht im Leben. Es gibt auch im zweiten Kurs ein Gruppenchanneling und eine kopierte CD.

Teil 3: Mediale Ausbildung III
Ausbildung zum Sprechmedium: Das Erkennen persönlicher Glaubenssätze und deren Auswirkung auf unser Leben. Wir laden den Channelstein mit Erzengel Gabriel. Löschen negative Gedanken mit elektrisch blauem Licht. Jeder erhält einen Kanalhüter aus der geistigen Welt. Wir üben mehrmals den Sprechchannel. Das Ende des Inkarnationszyklus: Die kymische Hochzeit, die Prüfungen in den Meisterjahren und der Rückweg zur göttlichen Quelle. Die Einweihung in die Erzengelenergie. Sowie immer das Gruppenchanneling mit CD. Zertifikat für Kurse 1–3.

Teil 4: Befreiung von Altlasten und kreative Wunscherfüllung (Erzengel)
Gelübde sind in Wirklichkeit **Selbstbestrafungen**! Wenn wir in einem früheren Leben ein Armuts-, Keuschheits-, Gehorsams- oder Schweigegelübde abgelegt haben, dann wirkt das **nicht** automatisch unterschwellig weiter. Es sind eher die dramatischen Erfahrungen mit bestimmten Vergehen, die hier wirken: Wenn wir in einem früheren Leben gestohlen haben und dabei ertappt wurden, haben wir möglicherweise heute ein Problem mit Mangel – **Selbstbestrafung** nennen das die Meister. Diese Themen werden aufgelöst mit Erzengel Uriel.
Zwanzigmal bearbeitet und trotzdem ist da noch Groll: So präsentieren sich **Urmuster**! Vielleicht gibt es jemanden in Deinem Umfeld, auf den Du wie ein Seismograph reagierst – er präsen-

tiert Dir eine Charaktereigenschaft, die Du in einem früheren Leben selbst ausgelebt hast. Das Herausfinden und Neutralisieren der polaren Urmuster. Wir gehen dafür mit Meister St. Germain ins Hologrammkino und schauen uns eine Täterrolle an – Aussöhnung. Intensive Wirkung!

Wohlstand – die magische Kraft der Anziehung von Fülle. Die **Gesetze des Wohlstandes** und Mangels. Das Gefühl der Dankbarkeit macht Dich empfänglich. **Abrakadabra** – ich erschaffe beim Sprechen! **Kreative Wunscherfüllung.**

Der Tod – was passiert, wenn wir sterben? Der Übergang ins Jenseits. Was sind erdgebundene Seelen? Lösen von **Besetzungen.**

Schutz – Meditation mit Erzengel Michael. Und ein Gruppenchanneling.

Teil 5: Die praktische Anwendung der Neuen Energie (Jesus Sananda)

Das neue Energiefeld macht uns zu Sendern und Empfängern. Das Wirken des Wir-Bewusstseins. Der Umgang mit Sorgen, Existenzängsten, Stress, Depressionen und Schlafstörungen. Der Heile-Welt-Ort. Wie Deine inneren Stimmen Depressionen und Lebensfreude erzeugen können. Der Umgang mit Jammer- & Meckerstimmen. Selbstverurteilung und Dramatisierung und wie man sie erlöst. Treffe Jesus Sananda auf der Dachterrasse und übergib ihm deine Probleme. Das Problemthema der Erde ist die Gier. Heilung von Mangel & Gier mit Jesus Sananda. Programmieren ins kollektive Bewusstsein. Visualisieren für eine Zukunft in Frieden, Gleichberechtigung und Wohlstand. Gruppenchanneling.

Teil 6: Dualseelen und karmisch belastete Partnerschaften

Die Seelenfamilie – wie ist sie entstanden und was ist eine

Dualseele? Karmische Verstrickungen sind Verletzungen aus früheren Leben. Verbreitete polare Muster: Der Friedensstifter und der Verweigerer. Erwartungen, die nicht erfüllt werden. Der göttliche Plan macht keine Fehler! Rückführung in belastende Begegnungen und wie man sie umschreibt. Erwartungsfreie Wünsche.

7. **Lichttreffen** sind 4-stündige Kurzveranstaltungen, bestehend aus aktuellen Themen, Gesprächsrunde, einer Fantasiereise und einem Gruppenchanneling.

Ausführliche Infos unter: www.ute-kretzschmar.com

Weitere Bücher von Ute Kretzschmar:

„Die Seele in den Meisterjahren" erschienen 2004
im ch. falk-verlag ISBN 3-89568-127-X

„2012 und danach – ein neues Bewusstsein für eine neue Erde"
erschienen 2009 im ch. falk-verlag
ISBN 978-3-89568-211-7

„Chaos & göttlicher Wandel"
erschienen 2012 im Antar-Verlag ISBN 978-3-981521-504

„Aufruf zur Lichtrevolution"
erschienen 2014 im Antar-Verlag ISBN 978-3-981521-597

und ein Hörbuch:
„Reisen in feinstoffliche Sphären oder wie man die Angst
vorm Tod verliert" erschienen 2013 im Antar-Verlag
ISBN 978-3-981521-566

Fantasiereisen & Meditations-CD's von Ute Kretzschmar:

„Reise zum Seelenpartner"
erschienen 2003 im ch. falk-verlag ISBN 3-89568-122-9

„Christuspräsenz und Allmacht"
erschienen 2004 im ch. falk-verlag ISBN 3-89568-131-8

„Die Krönung"
erschienen 2006 im ch. falk-verlag ISBN 978-3-89568-174-5

„Lichtsäulen-Clearing"
erschienen 2007 im ch. falk-verlag ISBN 3-89568-157-1

„Das innere Haus"
erschienen 2012 im Antar-Verlag ISBN 978-3-981521-511

„Erzengel Michael: Schutz"
erschienen 2013 im Antar-Verlag ISBN 978-3-981521-535

„Von der göttlichen Quelle in die irdische Existenz"
Live-Vortrag, erschienen 2014 im Antar-Verlag
ISBN 978-3-981521-580

„Abrakadabra – kreative Wunscherfüllung"
erschienen 2015 im Antar-Verlag ISBN 978-3-981712-506

„Seelengeflüster" Positive Affirmationen
erschienen 2015 im Antar-Verlag ISBN 978-3-981712-544

„Die Einweihung" neu 2016
im Antar-Verlag ISBN 978-3-9817125-20

„Heile Dein inneres Kind" neu 2016
im Antar-Verlag ISBN 978-3-9817125-37

Lese und Hörproben unter: www.antar-verlag.de